AQUARIUS

AQUARIUS

AQUARIUS

AQUARIUS

後青春 Restart

後青春，更超越青春。
從心理、健康、照護，到尊嚴的告別，
我們重新啟動一個美好的人生後半場。

愛上慢慢變老的自己

57 退休醫生給你的 57 個實用身心提醒

劉秀枝——著

《聯合報》「元氣周報」專欄作家
《康健》雜誌專欄作家
前台北榮總一般神經內科主任
國內失智症領域權威

【推薦序】貴人的心聲

【國立陽明大學教授】戚謹文

我們一出生就逐漸變老，老到底是什麼意思？人一輩子都在學習，而從一出生開始見到每一件東西都很興奮，樹上的一朵花，天空的一片雲，快速駛過的一輛汽車，如果是我們從來沒看過的，就每樣事都很新鮮。年紀小的時候，好像總有看不完的新鮮事，隨著年齡逐漸增長，經驗也愈來愈豐富，能讓我們感到新鮮的事也愈來愈少。其實老很可能是心理要比生理來得快，不過也有些人是生理比心理衰老得快。

人家說家有一老，如有一寶。我們的上一代很多是家族住在一起，可是現在的家庭多半是小家庭，很少有年輕人和父母一起居住，所以現在的人比較沒有機會享受家中有寶的幸福感覺。多年前有一位同事父親過世，在安排葬儀的事項時，沒想到有一位他的年輕學生對禮節一清二楚，一問之下才知道那位學生家中的長者過世不久，所以他年紀雖小，卻比他的老師對這件事經驗更豐富。經驗的分享其實是一種藝術，我們常聽人家說倚老賣老，這也就是說年長者因為經驗豐富，在與年輕者分享經驗的時候，不自覺地就露出了「我比你懂」的態度。也正因為這樣，長者很重要的經驗，可能因為傲慢的態度而讓年輕人不願意接受。年紀大了，最關心的人其實是自己的親人，尤其是子女及兒孫輩。我們常常看到阿公、阿嬤忍不住會碎碎唸，一下子是兒子哪裡沒做好、女兒又讓他擔心、孫子功課不好等等。其實老人家是在關心兒孫，可是說出來的話往往是「說者有心，聽者無意」。阿公、阿嬤要關心兒孫，但是不需要為他們擔心。

劉秀枝主任和我在醫院中同事非常多年，我們因為一起做研究經常有機會互動，而變成了好朋友。劉秀枝主任溝通的能力非常強，她是失智症的專家，當她還在醫院當一般神經內科主任的時候，就因為照顧病人非常仔細而得到病人及家屬的信賴。我們都知道溝通不是一件容易的事，尤其是醫生與病人之間的溝通，更需要醫生有耐心聽病人敘述病情。有一回，我岳父在家族聚餐的時候，晚上喝了點酒，結果腳抬不起來拖著走路，我第二天就幫我岳父掛了劉秀枝主任的號，請她看看我岳父的腳是怎麼回事。因為岳父話匣子一打開就會從很早以前開始說他的故事，那天我岳父一進劉主任的門診，坐下來後，我就開始跟劉主任說我岳父昨天晚上發生了什麼事，劉主任等我講了兩句後，很客氣地跟我說：「戚老師，請你讓你岳父自己敘述他的病情好嗎？」結果我岳父真的從十年前開始講到他前一天晚上腳是如何的不舒服。經由這件事，我深刻地了解劉主任對病人的關心，她不但有愛心，還有耐心。很多時候病人的親身感受與敘述病情，不是照顧他的家人能夠說得出來的。也唯有聽病人親自敘述，醫師才能夠精準地了解病情，對症下藥。

劉主任行醫多年，對病患與家屬觀察得鉅細靡遺，而這些素材也成了她寫醫學相關散文的最佳材料。劉主任寫文章時，很少人云亦云，只要人家提供一個想法或者是一個新的知識，她一定會去做詳盡的資料搜尋，然後引經據典地寫出她對主軸觀念的分析結果，而在這個過程中，她還能深入淺出地讓一般民眾都能接受與了解。劉主任的文章都是經過她的同事先讀過以後，給她提供建議，供她參考修正。這也是為什麼她的文章能受到這麼多讀者喜愛的原因之一。

很多醫生是某種疾病的專家，可是醫生也會生病，醫生生病時變成病人也是要找專家診治。劉主任得過乳癌，她自己是醫生，發現乳癌後立刻找了醫院的同事，乳癌專家幫她進行手術。這位外科醫生也是劉主任的大學同學，其手術經驗的豐富與細心照料病人的態度是有口皆碑的。一般來說，醫生生病多半會自己蒐集相關的資訊，然後與自己的主治醫師商討如何做治療。而劉主任是神經內科的專家，她得到乳癌後決定做一個最好的病人，也就是完完全全地相信她的主治醫師，因為主治醫師是乳癌的權威，所以主治醫師說要做什麼手術，開刀後要做什麼樣的治療，劉主任二話不說全部照辦。這個相信的態度，是目前的醫療環境中病人很難做到的一件事。

一個人生命當中，由年輕到年老，都經歷過非常多的事。年輕的時候，因為得到的不多，所以汲汲營營奮發向上，勤奮地工作，努力地去得到自己想要的東西。等年紀漸長以後，經驗多了，該得到的也都得到了，這個時候就要有不抓取、不保留的態度。劉主任退休以後曾在陽明山國家公園當過三年的解說志工，尚未退休時沒有時間可以做這件事，退休後當解說志工不但可以服務遊客，更能增長自己的見聞並且鍛鍊自己的身體，真是一舉數得。當志工其實是人生當中很重要的一個學習，因為當志工要能看見別人的需要，願意付出，當志工是不求回報的，而在當志工的過程中學習到的經驗，與本身所獲得的能力就是最大的報酬。這也充分印證了「心中無缺是富，被人需要是愛」的說法。

劉主任是我生命中的貴人，因為她的推薦，讓我及家人有機會參加自我成長的課程，學會改變自己，更重要的是和人真心分享與互動。在過去幾年中，要感謝劉主任不但經常邀約好友聚會談心，更常常分享她的文章，讓我有機會進入她的內心世界，也因為她的導覽，讓我對老化的過程有更深刻的體驗。這本書精采之處只有您讀了才能體會，希望透過這本書，劉主任也可以成為您生命中的貴人。

【自序】

當神經科醫師變成候診室的銀髮病人

回想三十年前，我開始注意到台灣人口逐漸老化，神經退化性疾病會愈來愈多，預期阿茲海默症對社會的衝擊與日俱增；轉眼間，自己也踏入了銀髮世界，眼看著由研究者轉變為被研究的對象了。

年紀大了，各種器官逐漸退化，視茫茫、髮蒼蒼、齒牙動搖、膝蓋卡卡，也可能出現三高，及中風、心臟病或癌症等慢性病。幸好，醫藥科技進步神速，許多病症都能迎刃而解。例如以前開白內障還需住院，現在只要門診手術；植牙蔚為風潮；膝關節置換手術愈來愈巧；冠狀動脈血管支架的置放愈來愈純熟；許多癌症可以緩解甚至治癒等等。因此，很多老年人雖然有幾種慢性病，也動過大手術，但看起來氣色好，無病容，且活力十足。

就像一輛車子，雖然定期保養，零件難免會出問題，需要送修。因此，走入老年，無病時健身，有病則就醫，不求完全沒有病痛，而是讓身心處在最佳的功能狀態，好好過生活。這不僅倚仗精進的醫藥，更要靠自己從年輕時就養成健康的生活習慣，如清淡飲食、運動健行、培養興趣和良好的人際關係等等，而且隨著年齡增長，更要持之以恆，維護健康老本。

戰後嬰兒潮（一九四六——一九六四年出生）是得天獨厚的一群，他們出生在台灣經濟起飛的年代，普遍接受教育，只要努力工作，都有一定的經濟基礎，且大都有照顧年邁父母的經驗，作為自己將來老年的借鏡。前段生的嬰兒潮已步入老年，形成老人照顧老人的特殊現象。不過，因為有了心理準備，對於老年就不會驚慌，懂得接受隨著老年而來的身心變化，知道保健養生，維持興趣，多與家人相處，並思考將來的退休安排或事業的第二春。

至於已進入老年的人，經過人生的轉折起落，看盡世間百態，更懂得身心健康才能享受人生的下半場。一位七十歲的朋友，身體勇健，形容他目前的快樂人生有「四打」，分別是打球（高爾夫球）、打牌、打坐和打電腦，當然，他年輕時也曾很奮鬥，才能不虞生計。人老了，對自己要好一點，想做的事情就去做，如和朋友結伴出國旅遊等。該花的錢不要省，不要想年紀這麼大了，就捨不得花一大筆錢去植牙或裝假牙，結果使得食物無法好好咀嚼，不僅不能感受美味，也可能因進食不夠，造成營養不良，免疫力降低。

不是每個人都能活到老，因此我們應該感恩，且珍惜當下，因為現在就是最好的時刻，以後只會愈來愈老，體力愈來愈差。有位八十歲的朋友提到他一定要去參加醫學院的同學會，感嘆「參加一次少一次」，但也許換個想法為「參加一次賺一次」，會更快樂。

進入銀髮世界，並沒有想像中的可怕，就像小孩「長」大，大人「長」老，英文的「growing old」中就有把老當作一種成長的過程的意涵。老了，也許臉上長了皺紋，多了老人斑，筋骨僵硬，動作遲緩，但也長了智慧，多了圓熟，隨緣自在，也較能包容，並且只要外表不邋遢，自會展現優雅，煥發出成熟光彩。

處於嬰兒潮前段生的我，不僅行醫時大部分的病人是老年人，變成銀髮族後，體驗到器官老化，也經歷了疾病上身，由診間的醫師變為候診室的病人，由客觀的觀察到主觀的感受，由難以置信自己變老到安然接受，連在《康健》雜誌的專欄名稱，也由當年的「中年兒女」改成今日的「逆齡時代」。經由寶瓶文化朱亞君總編輯的催生和丁慧瑋編輯的推動，把我多年來發表在《康健》、《聯合報》「元氣周報」和其他書報的，有關老年的生理變化、心理調適和疾病上身的文章，彙整成冊，其中有我逐漸步入老年的感觸、觀察和自我期許，與讀者們分享，希望有所助益，並共勉之。

多年來，我的每篇文章在發表之前都經王培寧醫師、李佩詩和林幸慧小姐的用心潤飾，更承蒙《康健》雜誌李瑟社長、黃惠如總編輯和蔡菁華資深執編，以及「元氣周報」康錦卿主編和王郁婷主編的鼓勵和幫忙，讓我寫作不懈，在此一併致謝。

目錄

愛上慢慢變老的自己

目錄

Chapter 2 真健康！給身體所需的適當關照

Chapter 3
真關懷！盡心陪伴長者走一程

目錄

Chapter 4

真安心！銀髮族上醫院放輕鬆

Chapter 1

真幸運！到了有資格老化的年紀

當我們要去一個陌生地方旅行時，通常都會先蒐集資料，對那個地方有初步的了解，做好心理準備，才能避開危險之處，並玩得盡興，對於老年生活也是一樣的。步入中年後，我們開始由父母身上、朋友口中以及自己身體的種種變化，慢慢地體會變老，逐漸接受變老的事實，並學習與之相處，進而享受變老所帶來個性上的圓熟、心理上的放鬆，及精神上的恬適、知足與感恩。

一直很喜歡《傳道書》三：一的「凡事都有定期、天下萬務都有定時」。春夏秋冬是人生的套餐，我們的一生就如初春開始、經歷盛夏並慢慢走入秋天，不僅要珍惜深秋帶來的成熟、智慧和豐收，還要為即將到來的冬天早早做準備，讓冬天不會那麼肅殺、寒冷，還可以享受冬天的美景和樂趣。

癌病送給我的禮物

超過三十年的行醫生涯，到今天才知道當初學醫，其實最受惠的是自己。我心懷無盡的感恩，積極接受治療，並隨緣地接受預後的任何可能。

很幸運，我得的是乳癌

五十七歲那年，有天覺得右邊乳房有點抽痛，連在為病人看診時都明顯感覺到。本以為是神經痛，可能是帶狀疱疹的預兆，但兩個星期過去了，並沒有長出水疱，直到有一天早上洗澡時，無意中發現右邊乳房有個硬塊，摸起來並不痛，我那時候就覺得：「完了，這一定是乳癌！」

繼而一想，幸好硬塊長得靠近表面，比較容易摸得到，可以早期發現。

當天早上八點上班，立刻打電話給我在榮總一般外科的醫師同學。他說：「你就下來吧！」超音波一掃，果然是惡性的。乳房硬塊約兩公分，屬於第二期癌症。

我的父母都很長壽，家人沒人得過癌症，而我的身體一向健康，生活習慣也很好，因此我想我也一定會活到九十幾歲。但是我也了解人過中年，很多器官都會開始出問題，隨時可能會生病。過了中年的我就曾想過，如果我罹癌可能會是乳癌，因為我是女性，加上沒生育或哺乳過，算是高危險群。

當時我覺得自己很幸運，因為乳房在身體表面，開刀不必動到內臟，體力復原較快，而且因為乳癌是女性常見的癌症，病人多，相關研究也多，所以化療和標靶療法的藥物研發一直在進步，治療有望。

我本來安排要與兩位姊姊帶著九十二歲的母親，去日本福岡自助旅遊三天，怕開完刀後無法推輪椅帶母親在福岡趴趴走，於是做完該做的檢查，再等十天從日本回來後，立刻住院接受手術。

從史懷哲到拚命三郎

三十多年前當我們進入醫學院時，真的是懷著濟世救人的抱負，大部分同學的偶像都是在非洲行醫的史懷哲醫師。

但也因覺得自己負有使命，工作時往往變為拚命三郎，認為生病只是患者的事。曾幾何時，醫生的社會形象日趨低落，在很多人眼中變成了一群在健保政策下討生活、唯利是圖的既得利益者。看病變成了經營管理，醫術變成算術，這是當年所始料未及的。

有人說醫生很可憐，整天看病，忙得要死，累得要命，沒時間花錢。當醫生太太最好，可以好好享用財富；要不然當醫生家人也好，看病拿藥不用錢。

一位企業界的朋友說：「一個人至少要有三位好友：醫師、律師及會計師。」一般人大概很少有機會聚集到需要會計師照顧的財富，需要律師的服務也能免則免。但醫師的朋友可就有用了，可適時提供實用消息，如什麼病找什麼人看等等。

醫生也會中「大獎」？

我在無意中發現自己長了乳癌的事，卻讓我覺得當醫生，最受惠的其實是「自己」，尤其是由醫生變為病人的時候。

當我住進病房，準備第二天開刀時，遇見了一位病房服務員。她看著穿病人衣服的我說：「唉！當醫生的人怎麼把自己顧成這樣？」

我笑笑：「醫院這麼大怎麼維持？我也來照顧一下啊！」

醫生也許比較懂得如何預防疾病，但並不表示就不會生病。只是醫生通常能早期發現自己的病症，醫療資源取得方便，而且能積極地投入治療。

除了少數明顯的基因突變的遺傳外，大部分癌症的原因及其致病機轉仍是不明。乳癌本來就是婦女常見的疾病，以我後中年的年齡，得到癌症也不意外（時候到了嘛！），就像抽籤抽到了一樣（這是我對病人常說的一句話）。朋友們對我得到癌症都有不同的解釋，其中最窩心的是工作太忙了（其實我不覺得忙，但別人覺得我忙也滿好的），壓力太大（有嗎？），上帝要給你一個不一樣的假期（在家度假？），菩薩要你休息（這我不便拒絕）等。

當病人比當醫生容易

懷疑自己有問題時，要找專科醫師。在同家醫院上班多年的我，當然知道每位醫師的醫術及專業素養都很好，其中一位剛好是我的同班同學。他開誠布公，把各種治療方式及預後講解一番，言簡意賅，我立刻進入情況，於是治療方針馬上確定。我對他完全信任，並且事先告訴家人如果開刀中途，醫生跑出來交代一些事時，不要多問，以免延誤時間，只要聽他的就是了。

手術後，接下來負責治療的是位年輕的腫瘤科醫師。十多年前他還是住院醫師時來本科一個月，當時就覺得他非常優秀、認真，對病人又親切。如今他專業有成，與最新醫學的進展同步，充滿自信，誠懇而親切。隔行如隔山，癌症的化療日新月異，其預後也因癌細胞的生化免疫行為而大有不同，在這方面我已落伍了。

指著電腦螢幕上生氣勃勃的癌細胞影像，這位腫瘤專科醫師不厭其煩地向我解釋，重複幾次後，我好像懂了。我得的是一種比較惡性，預後較差的癌症；但幸好各種特殊螢光及免疫染色都顯示，剛好這些惡性癌細胞也有很強的剋星，即某些化療藥物。

醫生說：「它們就要在你身上打起來了，只要你身體夠強，就能撐得過去的。」

我說：「我一切聽你的，完全信任你，若是健保不能給付的，我很願意自費。」

想到我多幸運，所有的醫師對我直言不諱，讓我了解，也有所選擇。而不是像日劇《白色巨塔》中可憐的財前醫師，一位專開腫瘤的醫師自己得了胃癌，醫院上下全部瞞他，還製造假病歷、假開刀標本，真是用心良苦。作為病人的我很簡單，只要聽醫生的話就好了，而兩位醫師承受的壓力恐怕比我大很多。

我這才充分了解，醫病關係要建立在互信，醫生希望取得病患充分的授權，病患希望醫生盡力，給予醫生所知道的最好的治療。

我比一般人幸運的是，所有幫我診治的醫師均是認識的人。所以還在念醫學院時，要對同學好一點，因為將來同學會遍布各科，學有專精。平常對住院醫師要盡心教導，希望他們青出於藍，因為不曉得何年何月何日會需要他們的服務，甚至把生命交給他們呢！

關懷讓我熱淚盈眶

開刀前，有位消息靈通的病患家屬送來一盆花，看到上面祝福的字條，讓我心中的感動難以抑制，淚珠一發不可收拾。這時我辦公室的門被推開，一位剛聽到消息的同事想來鼓勵一番，一眼見到我正對花垂淚，大概以為我很傷心，立刻把我擁抱（我發誓，這是我們同事二十多年，第一次擁抱）安慰一番，我就乾脆放聲一哭了。

其實，從一開始懷疑有癌症，做檢查，到開刀、證實、化療，我從不覺得傷心（輪到我了）或不平（抽到了），更沒掉過眼淚。倒是許多親朋好友，尤其是共事相處多年的護士、助理們一聽到我有癌症，眼眶立刻紅起來，眼淚奪眶而出，害得我也跟著流淚。原來人的情緒反應是隱藏不住的，真心關懷的電波是超光速的，具強烈的感染力，所以那幾天我在醫院走來走去時，常常是別人一關心，我就熱淚盈眶。

開刀當天早上七點，好心的同事夫婦趕來陪著躺在推床上的我，輪子快速地滑過每天走過的長廊，進出電梯、進入開刀房。我一路管不住淚水撲簌簌地流

下，一面又忙著向賢伉儷解釋，我實在是太感動了，不是害怕，更不是傷心。

鼓勵，還是很受用

生病並不是件不名譽的事，不用隱瞞，恐怕也隱瞞不了。我生病的消息傳得很快，在路上、在醫院的走道上、在病榻前，許多同事、朋友都特地來告訴我，他的媽媽、太太、姊姊、妹妹、好友，甚至他自己也有同樣的癌症，經過治療後已經一、三、五、八、二十年了，還好好的呢！明明知道也有好友因同樣的癌症去世，但聽到這種鼓勵的話還是很受用。更有人現身說法，提到手術後及化療中的注意事項，去哪裡買漂亮又舒服（但很貴）的假髮、頭巾、訂做胸罩等。

由於開刀前有一星期的心理建設，包括長官對我工作的悉心安排讓我無後顧之憂，因此不顯得匆忙，甚至術前的shopping，竟有當年〈木蘭詩〉的「喞喞復喞喞，木蘭當戶織，不聞機杼聲……東市買駿馬，西市買鞍韉，南市買轡頭，北市買長鞭……」的雀躍心情。

超過三十年的行醫生涯，到今天才知道當初學醫，其實最受惠的是自己。除了無盡地感恩、積極地治療及隨緣地接受預後的任何可能外，還能做什麼呢？想到十月忠誠路上的欒樹是否還有殘紅，就立刻戴上口罩散步去看看吧！

乳癌復發，虛驚一場的省思

雖然這次沒事，但並不表示以後不會復發，也不能保證不會得其他疾病，此次經歷讓我除了感恩，更體會到應該活在當下，享受人生，做好隨時可離開的準備。

難道是復發？

動了乳癌手術和化療三年多後，自覺情況良好，開始偷懶不想去追蹤（我不是個好病人哦）。但大約一個月的期間，沒病的乳房時常脹痛，偶爾抽痛。最初我懷疑是帶狀疱疹的前兆，可是過了一星期，並沒長出水疱。排除了帶狀疱疹後，就面臨一個嚴重的問題：會不會是乳癌復發？畢竟我的乳癌細胞有Her2（一種致癌基因）的過度表現，比較容易轉移，存活率較低。

既然有復發的可能，我就自我檢查乳房，除了有點痠痛外，好像在一點鐘位置觸摸到一個小於一公分的硬塊，且連續七天都摸得到。想起當初乳癌的硬塊也是自己摸到的，技巧應不錯，那麼乳癌復發大概是八九不離十了。

實在不願意再經歷化療的痛苦，本想假使復發，就讓它自生自滅吧！可又想到如不處理，它到處轉移，一旦侵蝕到脊椎是會很痛的；萬一轉移到腦部，即使不偏癱，恐怕也無法正常思考或寫作。最後，還是決定去找我的醫師看病。

因一個月後要出國旅遊，於是打電話給主辦的好友，告知如果到時要接受治療而無法參加，會因少了我一人，使得大家無法採用團體機票，每人的旅費要增加幾千元，先說聲「抱歉了」。

朋友在電話那頭情緒低落地說：「真不曉得說什麼好，你還是趕快去檢查吧！」

觀音夕照，還能欣賞多久？

我坐在休閒椅上，面對著窗外的觀音山。當初定居在這個小坪數的高樓層，就是為了欣賞觀音夕照。一位好友特別替我找了這張符合人體工學的智慧型休閒椅，以便舒適地看書之餘，抬頭望望觀音雲彩。然而搬來將近一年了，恐怕這是第二次真的坐下來吧！

小說、散文和雜誌幾乎都是在坐車時看的，觀音山也都是俯首案前審計畫、讀文獻或從電腦螢幕前抬頭張望一下而已。何時真的專注欣賞了？以後會不會躺在這椅子上打化療呢？

思緒至此，我的膝蓋退化性疼痛就顯得微不足道，慢性牙痛也不急著整頓，新居地板多次漏水更不用再敲打整修了。誰知道還能活多久呢？也許剩餘的時間都用在抗癌吧？

我的退休清單

退休時，我曾為自己開立清單，要好好欣賞人生、享受生活，並發掘潛力——我做到了嗎？

很高興建立的部落格人氣一直不錯；持續每週的ＫＴＶ課，總令我心情舒暢；每星期六的幼獅寫作課，激盪腦力；一星期走一次陽明山，心曠神怡；接受陽明山志工訓練，拓展視野；上美術課遇良師，證實自己終究沒繪畫才能，但學會了欣賞；坐公車、搭捷運趴趴走，喜歡不塞車的台北；常與朋友結伴出國旅遊，不用費心籌劃。看來清單上的事都做到了，應該了無遺憾。

看病那天，醫師神情凝重，告知在一點鐘和十一點鐘的位置都摸到了小小的硬

塊，於是安排超音波檢查。但探頭在乳房上掃來掃去都找不到腫瘤，醫師說這兩個可疑的小硬塊應該是脂肪吧。我猛然一想，最近胖了幾公斤，內衣相對變緊，壓迫胸部而產生疼痛，導致我仔細觸摸而過度臆斷，幸好醫師解除了我的疑懼。

真相一明，我如釋重負，但覺得好像小題大做了，很不好意思。不過，我可沒有浪費醫療資源，也是該追蹤的時候了。

回到家，打電話給主辦旅遊的好友，她笑說：「治療之道應該是去買新的內衣，而不是減肥，效果太慢了。」

活在當下，了無遺憾

雖然這次沒事，但並不表示以後不會復發，也不能保證不會得其他癌症或其他疾病，要不然先人都去哪裡了？此次經歷讓我除了感恩，更體會到應該要活在當下，享受人生，做好隨時可離開的準備。

人生有限，縱使健康活到百歲，也無法享盡人間美食或看遍名山大川，不如以柔軟心、開放的胸懷和活躍的頭腦，來欣賞身邊的風景、人物，並悠遊於網路。欣賞就不需擁有，更沒有負擔。所以今後無論如何，我每天一定要找個時刻，坐在休閒椅上，欣賞觀音山的天光雲影了。

夾心世代的「三明治」兒女

當今四、五十歲的兒女，擔著奉養上代、養育下代的重任，但照顧長輩時，對發生在他們身上的疾病症狀可以作為警惕並預防，讓自己有個健康、從容的老年。

叛逆期、更年期與老年期

一位五十歲的朋友，和她讀國三的小孩發生爭執，小孩頂撞她：「你不知道我現在是叛逆期嗎？」

她立刻反擊：「叛逆期有什麼了不起！你媽媽可正是更年期哩！」

四、五十歲是「三明治」的族群，夾在兒女與公婆、父母之間。有人的兒女正青春叛逆，還有人在兒女成家立業後感受到「空巢期」的失落；而此時公婆、父母都已逐漸邁入老年，需要照顧，甚至經濟上的援助，這擔子往往就落在媳婦、女兒身上。我的門診常有中年女性，一手扶著父親、一手攙著母親來看病。

這些仰事俯畜、一肩兩挑的中年婦女，自己也逐漸感受老化的滋味。眼睛無法對焦，餐廳的菜單看來霧煞煞，動不動就腰痠背痛，心浮氣躁，做起事來丟三落四，不免懷疑自己是否患了失智症。

不少女性在停經後為停經症候群所苦，如臉部潮紅、夜晚盜汗、心悸、陰部乾癢、失眠、憂鬱、情緒不穩等，以女性賀爾蒙治療非常有效，但此短期治療一般不超過五年。是否長期使用女性賀爾蒙，並沒有一定的答案。需要醫師與婦女審慎地對使用目的（如預防骨質疏鬆）、使用方式（天天或週期性使用）、藥物投與方式（如口服、貼劑或藥膏等）、禁忌與副作用充分討論後，再做定奪。

誰來照顧老人家？

多年前，有位六十多歲的男士，每個月帶他九十歲的母親來看病，母子一團和樂，構成一幅很美的圖畫，只要一看到他們，我都要感動半天。

後來老太太不幸中風住院，每天來病房照顧的都是四十到六十歲的兒女輩，孫子輩只是偶爾探望一下。進而觀察其他慢性病患，也是如此。年輕人也許是功課繁重，或事業正在起步、衝刺，騰不出時間。

以此情況，當第二代的中年人進入七、八十歲的年紀，一旦生病住院，能否期待已經四、五十歲的第三代，如同第二代侍奉父母般的殷勤呢？

最壞的時代，也是最好的時代

小說《雙城記》有句知名的開場白：「這是最好的時代，也是最壞的時代。」

當今四、五十歲兒女的處境也是如此。壞的是，必須擔著奉養上代、養育下代的重任；好的是，人生閱歷豐富，處事漸趨圓熟，面對現實的衝擊較能接受，照顧雙親長輩時，對發生在他們身上的疾病症狀，可以作為警惕，早做預防，以便自己有個健康快樂、從容優雅的老年。

聽起來，好像情況也沒那麼糟糕。所以對於「三明治族群」而言，或許應該換個角度這麼說：「這是最壞的時代，也是最好的時代。」

擁抱慢慢變老的自己

幸好是老化！會老化，表示至少已活到了有資格老化的年紀。不管這一路是跌跌撞撞還是平平順順地走來，我總算到了開始老化的階段。

幸好，只是老化！

最近一星期，左眼前常出現許多浮動的黑點，大小方向不一，來來去去，速度很快，尤其是在明亮的窗前看書時，這些小黑點不請自來，揮之不去，困擾得很。自己猜測是飛蚊症，眼睛開始老化了。

但因我有深度近視，又擔心會不會是視網膜剝離的前兆。老化與視網膜剝離的治療和預後不同，不能掉以輕心。如果是視網膜剝離，那麼愛看書、愛看風景的我將如何因應？還是乖乖就醫吧！

幸好，眼科醫師把我眼睛散瞳，用眼底鏡仔細檢查後，確定是玻璃體老化所造成的飛蚊症，我才鬆了一口氣。不過，飛蚊症沒有特殊治療方法，主要是避免陽光直射，不要盯著夕陽看（醫師知道我愛看圓圓火紅的落日）。

幸好是老化！會老化，表示至少已活到了有資格老化的年紀。不管這一路是跌跌撞撞還是平平順順地走來，總算到了開始老化的階段。

每個人老化的速度、程度和老化的器官有很大的差異，都受到基因、家族傾向、環境、疾病與生活形態等因素的影響。例如有人視茫茫（老花眼、白內障、飛蚊症）、髮蒼蒼、齒牙動搖；有人膝關節、髖關節或腰椎退化；有人體態臃腫、走路緩慢；有人記憶減退、丟三落四。

老化或老化所帶來的疾病，有些是可處理或治療的，如老花眼可用眼鏡矯正，白內障可開刀治療；有些則是要與之和平共處的，如飛蚊症。

老化是漸漸發生，讓人逐漸適應

老化是漸漸發生，讓人逐漸適應，接受事實。例如白髮拔了又長，堅果開始咬不動，蹲下時無法很快地站起來等等。

而且，這些退化的跡象開始時很輕微，時而出現，後來愈來愈頻繁，有點像將要壞掉的日光燈般一閃一閃的，終至停頓不亮，膝關節的疼痛與退化就是個例子。

豐子愷的散文〈漸〉闡釋得最好，他寫道，使人生圓滑進行的微妙的要素，莫如「漸」……人之能堪受境遇的變衰，也全靠這「漸」的助力。

那麼，為什麼會有人覺得父母一下子變老，或一下子記性變得如此差？其實變化早就悄悄發生，逐漸嚴重，只是做兒女的太忙或沒去注意，有一天卻突然發現罷了。

也有些四、五十歲的中年人，會在一夜之間發現自己不再是個活蹦亂跳的青年人而驚慌，其實體力也是慢慢減退的，只是他們沒有察覺或不肯承認而已。當然，如果拿出自己十多年前的相片，與現在的容貌相比，那種感覺可就沒有「漸」的滋味了。

幸好，器官的老化是一個一個來的，讓你有時間一一處理，而不會措手不及。例如，先是膝蓋痠痛，看骨科，接著出現飛蚊症，找眼科醫師。有點像是車子，不管是名貴或陽春的，不管是否有按時保養，時間到了，零件會一一磨損，輕的如車燈不亮，重的像煞車不靈或電池耗盡。

認知功能比其他功能老得慢

認知功能的老化，則比其他身體功能慢，而且歲月的磨練會使智慧更加圓熟。

人的腦力在三十歲左右時達到高峰，之後雖然逐漸下降，且以思考敏銳速度的減退最為明顯，但都不到影響工作或生活的程度。有趣的是，語言表達與算術能力的減退有限，所以年長者的演講與著作仍可以很精采。

幸好人的大腦有可塑性。功能性磁振造影（fMRI）研究顯示，當老年人所動用腦細胞的範圍與年輕人相同時，其記憶力的表現較差。但當老年人動用更多的腦細胞時，其記憶力與年輕人相同，可見人的大腦是有代償作用（註）的。

不只接受變老，更要享受變老

其實，老化是可以預見的。看到小孩長大成人，難道不會想到自己會成熟變老？本來就沒有人許我們一個青春永駐的未來！當看到同輩髮蒼背僂，難道不會聯想「我見青山多嫵媚，料青山見我應如是」？看到父母長輩的衰老，也應當隱約看到了自己將來的影像。

對於無可避免的老化，除了接受，趁著老化的徵象尚未或剛浮現時，盡情地享受目前還能做的事，活在當下，才是明智之舉啊！

※註：代償作用是人體中的一個保護機制，當器官中的某部分組織功能減退時，會以加強其他部分的組織運作效能，來補償器官維持正常功能之所需。

在漸漸中，我們對疾病與老去釋懷

「漸」這個字，真是上天的仁慈，讓年華老去、紅顏褪盡、權勢削弱和風華不再的人，可以有時間適應、調適。

生命中不能承受的重

有位大學時代的相識，三十多年沒見面，印象中還是當年活潑矯健的體態和青春洋溢的臉龐，如今卻是動作緩慢，臉上刻滿歲月的痕跡，想這位朋友看我亦如是！

我們看到的是對方三十多年的改變在相見的一瞬間出現，難免震驚；但當事人在一天天、經年累月的逐漸改變中，不知不覺地自然接受了，雖然難免會有點無奈與感慨，然而感覺卻不若旁人多年後相見霎時的強烈與尖銳。可見一點一滴，慢慢發生，漸漸改變，歲月的魔杖就不會是如此難以承受之重。

疾病也是一樣，慢性病如高血壓、糖尿病、關節炎，尤其是癌症和各種退化性神經疾病如阿茲海默症等，症狀慢慢出現，病情也許會愈來愈加重，需長期追蹤，配合治療，但心理有準備，不像急性心肌梗塞、腦中風或意外傷害等來勢洶洶，令人措手不及。

讓人生了無遺憾

一位好友最近罹患癌症且疑似有轉移跡象，正在積極接受治療。問他對人生的看法可有改變？他緩緩地說：「有的，更珍惜當下，因為終於看到生命隨時可以結束。」

於是他除了把工作銳減，更善用治療的空檔，和家人到處旅遊，留下美好回憶，要讓人生毫無遺憾。

乍聽到癌症的診斷時，一般人難免錯愕，繼而傷心、焦慮、憂鬱，有些人甚至一頭鑽入牛角尖，往最壞的方向想。澳洲的一項大規模調查發現，癌症患者的自殺率為百分之〇．二，有三分之一發生在診斷後的一年內，其中三分之一又發生在診斷後的一個月內。所以在這段時期，最需要醫療人員提供實質上的治療並給予希望，更需親朋好友的關心和打氣。

幸好，醫療進步不僅讓癌症能早期診斷、早期治療，而且還增加了治癒的機會。縱使沒有治癒，也能過正常生活；復發時也有新藥可用，使得癌症逐漸成為一種慢性病。

正因為癌症是慢慢發生，診斷後不會有立即的生命危險，所以讓人有充分的時間省思和規劃；更因治療後有復發的擔憂，所以懂得珍惜當下。

因此，近年來有不少關於癌症的「正向心理學」（positive psychology）研究，其中以乳癌患者的報導為最多。在被告知有癌症並接受這個診斷後，有不少患者會重新審視人生的優先順序，珍惜與家人和朋友的關係，不再斤斤計較，會因自己走過療程的苦痛而對他人更有同理心，也因自己能對抗疾病而變得更有自信。

漸漸地，我們學會珍惜當下……

根據大都會人壽在二〇一〇年對一千零七位美國成人的電話調查，發現最害怕得到的疾病第一名是癌症（百分之四十一），其次是阿茲海默症（百分之三十一）。

阿茲海默症是大腦退化所造成的失智症，病程長達約八至十二年。但在初期時，除了近期記憶外，其他認知功能的衰退並不嚴重，而且心仍然柔軟，可以感受風景事物的美好和周遭眾人的關心，這也是讓患者和家人凝聚關係，安排事情優先秩序的機會，也因意識到病情將會逐漸嚴重，而更珍惜當下，進而活在當下。

以前讀豐子愷的散文〈漸〉，感觸就很深，覺得「漸」真是上天的仁慈，讓年華老去、紅顏褪盡、權勢削弱和風華不再的人，可以有時間適應、調適。

當然，「漸」也會讓人聯想到「水煮青蛙」的缺乏危機意識、漸漸沉迷或積習難改等不良影響。但，事情總有它的多面相，就看你怎麼看待與運用了。

執子之手，與子偕老，然後呢？

再恩愛的夫妻，總有人要先走一步，因此，在還是雙人行時，便要隨時為獨行的那一天預作準備，當不幸來臨時，就不會驚慌失措。

手牽手，一起走

那日下午五點多，走在醫院的長廊中，前方不遠處有對看似八、九十歲的老夫妻，雖各自拄著枴杖，但兩人互牽著對方的另一隻手，慢慢地、穩穩地向前走，散發出對生命的無奈、接受和適應的氛圍。

我腦海裡立刻浮出《詩經》中的「執子之手，與子偕老」，好美也好感動，好想為他們照張相。在心裡告訴自己不要怕被拒絕，只要開口，就有希望，於是，我快步走向前禮貌地詢問他們，老太太客氣地婉拒，溫和地笑著說：「人老了，不好看，不要照了。」

謝過兩位老人家，請他們慢慢走，我有點悵然但滿懷溫馨地走出醫院。

相伴到老是幸福

台灣早已步入老年社會，內政部於二〇一四年公布男性的平均壽命七十六歲，女性高達八十二歲，表示退休或成為六十五歲的法定老人後，還有一、二十年的日子。然而，高齡也讓各種與老化有關的疾病相繼而來，如高血壓、心律不整、心冠狀動脈疾病、骨質疏鬆、脊椎退化、髖關節骨折、中風，以及各種神經退化性疾病，如阿茲海默症等，生活的獨立性逐漸受到考驗。

在台灣，妻子的年齡通常比先生小幾歲，女性的平均壽命又比男性多六歲，當逐漸老去，妻子的體能和健康常比先生好，且隨著年齡增長，這種差距會愈來愈明顯，因而妻子會很自然地、慢慢成為先生的照顧者。不難看到年輕氣盛的夫婦，一點意見不合就吵得不可開交，但到了老年，就像急湍的水流轉為平順，感情變得融洽，也更能互相包容體貼。

有次出國旅遊，其中有對銀髮族夫婦，只要先生不在眼前，太太的眼光就會四處搜尋，直到看到了先生才放心。她說：「幾個星期前，先生的心血管放了三個支架，我要照顧他，確保他沒事。」

當然也有老先生悉心照顧生病的老伴，但畢竟是少數。

為獨行的那一天預作準備

相伴到老真是幸福，令人欽羨，但然後呢？

再恩愛的夫妻總有人要先走一步，常常留下來的都是女性。兒女雖是很好的依靠，但時代不同，社會變遷，兒女事業忙碌，生活奔波，更何況有些還遠居國外，縱使孝順，也很難隨時承歡膝下。因此，在還是雙人行時，便要隨時為獨行的那一天預作準備，當不幸來臨時，就不會驚慌失措。

那麼，銀髮族該如何準備呢？

一、**儲老本**：參與並熟悉家裡的財務規劃，如果先生還有事業經營，也要知曉其財務結構。老本是退休族，尤其是獨居老人的生活保障和尊嚴的維持。

二、**顧好身**：身體要顧好，保持活動量，如有慢性病要定期回診追蹤，將來才不會成為兒女的負擔。

三、存興趣：培養興趣，如看書讀報、打牌、看電影、唱ＫＴＶ、郊遊健行或出國旅遊等等，到時才不會活得枯燥無味。學習使用電腦、平板電腦或智慧手機上的各種社交網路，不僅可以與朋友和晚輩保持聯繫，自己上網找資料或玩遊戲，更是海闊天空。

四、保人脈：建立自己的人脈網絡，如談得來的姊妹淘。尤其要結交比自己年輕一點的朋友，不僅可以帶來新觀念，必要時他們還有體力、能力來幫忙。又如參加社團、上社區大學，參與同學會或宗教團體等，讓心裡有所歸屬，並開拓視野。

五、好關係：與晚輩保持良好關係。除非晚輩請示，否則不要介入或干涉其生活和事業，畢竟此時兒女都已成年，有自己的人生觀、價值觀和生活方式。

平常對晚輩好，當病老到無法獨居需要與兒女同住時，才不會被推託。縱使將來住進安養機構，還是需要兒女或晚輩幫忙處理事務，並期望他們有空時來探望。

有老來伴時，因為心存警惕早晚有分離的一天，更會珍惜與老伴相處的時光；而當不得不獨行時，因為早有準備，也會走得平順穩當。

這就是我心目中幸福圓熟的銀髮日子了。

媽媽的焦慮

理財方式很多，選擇一種最適合自己且安全的理財方式，不貪求要一次賺足，從年輕開始慢慢累積退休金，相信到了退休那一刻，肩上的負擔勢必會輕一些。

小心！記憶力減退，身心亮紅燈

多年前，有位年紀和我相仿的朋友突然出現一些讓大家很擔心的行為：明明自己說過的話卻會矢口否認，本來答應要做的事也忘得一乾二淨；易怒不耐，為了芝麻小事可以氣憤半天。關心的朋友不免要問，她是否在五十多歲就得了早發性失智症？

一次聚會時，她的手機響起，聽到她氣急敗壞地說：「怎麼每次都等到最後一分鐘才來找我麻煩！我一下子哪裡調得到這麼多錢？」

原來她的兒子自己創業當老闆，事事講派頭排場，資金常常周轉不靈，而向父母求救。

一次又一次，一筆又一筆，當公務員的她不僅把老本都貼了進去，還把房子拿去抵押貸款給兒子用。即便如此，兒子還是時常打電話來求救，緊急調頭寸。生氣歸生氣，責罵歸責罵，對自己的兒子終究不能不伸出援手啊！怪不得她最近心浮氣躁、心不在焉、出爾反爾且丟三落四，原來是焦慮憂鬱的緣故。

記憶力減退固然要考慮是否得了失智症，應及早就醫。但是除非有家族遺傳，不然一般年輕或中年人的記性不佳，往往是生活步調緊湊，事情太忙碌，精神上的弦拉得太緊而引發焦慮、緊張或憂鬱所造成的。這時，就要由改變生活型態、調整身心狀況著手，必要時還需服用抗焦慮或抗憂鬱的藥物。

多存老本，更要懂保本

現代的中年父母得多為自己著想，養兒既不能防老，更不能讓老本被蝕掉。兒孫自有兒孫福，對兒女的援手要有個限度，更何況還可能要扛起年邁父母的生計呢！

不少理財雜誌或網站都在教人計算，要有多少錢，才能在退休後有個不太窮困的老年生活。這固然和個人的生活水平、居住城鄉相關，而健康狀況和是否還有貸款等也要加入計算。

幸好退休後應酬少，衣飾、化妝品等的支出也會減少。

以我自己來說，除非有意外發生，否則依目前的身心狀態至少可活到九十歲。如果六十歲退休，往後每個月若以三萬元的花費計算，再加上通貨膨脹，那麼在六十歲時所需儲存的退休金，專家認為至少要有一千三百萬元。若以主計總處公布二〇一四年上班族平均薪資接近五萬元來估計，這是一般人工作二十五年的薪水總和！這還沒把旅遊、意外支出、自費醫療和長期照護所需的費用算進去呢！

所以有位當老師的朋友提到她將來退休時，一定要領月退俸，絕對不領全額退休金，因為怕兒女到時會來調頭寸，如果有一大筆退休金在自己手上，能不給嗎？公教人員的退休月俸是政府一大德政，一般人光靠勞保退休金、勞保年金或國民年金可能還不足。因此趁身心仍健康時，不只要為自己多存點老本，更要懂得保本。

那位和我年紀相當的朋友，不知有何打算？

每個月規劃一筆未來的退休金

幾年前在歡送一位老師退休的茶會上，老師說到退休後他必須租房子住，過去幾十年中一直住學校宿舍，整天埋首於教學研究，每月領薪俸，從沒想到投資理財或購置房產。結果退休時，才發現即使是全額的退休金也根本不夠買房子。

俗話說得好：「你不理財，財不理你。」從年輕開始，每月規劃一筆未來的退休金是必須的。至於理財的方式很多，選擇一種最適合自己且安全的理財方式，不貪求想要一次賺足，從年輕開始慢慢累積退休金，相信到了退休的那一刻，肩上的負擔勢必會輕一些的。

人生必須多方面的經營，專業固然要精進，生活的舞台也不能不用心呀！

掌握九大祕訣，聰明地快樂退休

退休只是從職場退下，並不是從生活退休，只要好好規劃，會有更多的時間、自由和智慧，來享受美好的第二個人生。

憂鬱症盯上退休族？

有次餐敘，六十出頭、即將屆齡退休的陳醫師問我：退休生活應如何安排？是否該繼續行醫？

英國經濟事務研究所於二〇一三年發表的流行病學追蹤研究，顯示退休人士的健康和精神狀況，在短期內因工作壓力的解除而小幅提升，但中、長期後自覺健康甚佳的可能性少了四成，且出現憂鬱症狀的風險增加四成。也難怪陳醫師對退休有點焦慮。

關於退休對身體和精神狀況影響的醫學文獻非常多，但大都是流行病學研究，其結果並不一致，正面和負面的影響都有，不能一概而論。

而且，老年憂鬱症的原因很多，包括身體病痛、親人去世、經濟問題、無價值感和孤單寂寞等，退休只是原因之一。退休可能對某些人造成經濟困難、無價值感和孤單寂寞，而出現憂鬱症狀，但不能與憂鬱症畫上等號。

九大祕訣，好好規劃新生活

不過，的確有人在退休後，頓失生活重心，無所適從，而覺得無聊，甚至產生焦慮或憂鬱，因此，退休生活真的需要用心規劃。

一、愈早準備愈好：二〇一四年，美國《老年精神》期刊上有篇研究，三千九百三十九位英國公務員在平均四十六歲時接受問卷調查，長期追蹤二十一年後，平均六十七歲且都已退休，並接受憂鬱症的評估。結果發現：在中年時的職業位階低、生活水準差、工作壓力大以及親密人際關係貧乏者，較易得到憂鬱症。

這意味著從中年時就該開始經營，到了退休時，才能有老本、老伴、老友，較不易得憂鬱症。在接近退休的前幾年，更要積極規劃，包括把工作或手上的計畫圓滿結束、經驗傳承、尋找退休後的合適居處，並籌劃各種活動。

二、心理調適：退休後沒有了頭銜和權位，頭上光環不再，過去所受的禮遇消失，也許會感受到人情冷暖，心理要提早調適。

三、從事另一個全職或兼職工作：在這個過渡時期（bridge employment），逐漸適應，慢慢退休。有些人，尤其是男性，價值觀建立在工作上，生活中除了工作還是工作，沒有談得來的朋友，也不熱中遊山玩水，如果突然不工作了，可能很難適應，甚至讓家人困擾。例如日本的「丈夫退休症候群」，退休的日本男人整天在家指揮太太，導致太太憂鬱症或夫妻關係緊張。

因此，有人會再找一份全職或兼職工作，例如有些醫師從公立醫院退休後，再到私人醫院繼續執業或只看門診，增加收入是其次，主要是繼續服務病人，有成就感，覺得人生有意義。

四、擔任志工：每星期一天或半天擔任志工，可以選擇與自己專業有關的（比較能駕輕就熟）或是全新的行業（較有新奇感），服務他人，覺得自己有用，且學習新知，加入志工團體，結交新朋友，生活更有趣。

五、終身學習：除了看書、上網和閱讀報章雜誌外，還可到社區大學、其他公益或宗教團體選課，如電腦、攝影、自然生態和古典音樂等等，以豐富生活。

六、保持原有的嗜好，並培養新的興趣：例如，維持原本喜歡的運動如乒乓球，還可涉足於盆栽、學太極拳和打麻將等。

七、多運動：如果原本就有運動的習慣，如騎單車，請繼續。若沒有，至少要多走路、健行，增強體能。

八、旅遊：不見得一定要出國旅遊，台灣有許多美景祕境，居家近郊的山間小徑、溪流和公園，都值得一遊。

九、與親朋好友和晚輩多相聚：互相串門子、喝下午茶、吃商業午餐、一起出遊等，不僅聯絡感情，也才不會落寞無聊。

要不要幫忙帶孫子？見仁見智，每家都不同。如果子女忙碌，自己身體硬

朗、捨不得孫兒被別人帶或基於經濟的理由，那麼就幫忙帶，那可是個全職工作。折衷的方式是不定期、在需要的時候才幫忙帶，既可以含飴弄孫，又可以保有自己的生活。

職場退休了，生活可沒有退休

我將多年來的退休經驗和陳醫師分享——

退休的三年前，有感於人生無常，不能讓時光僅在診間和病房流逝，還要看看外面的世界，於是我開始準備退休。

但我還是熱愛醫學，因此退休後，每星期回到醫院參與病例討論會，以維繫臨床經驗；擔任人體試驗委員會委員，定期開會，學習新知並保護受試者權益；每個月在《康健雜誌》和《聯合報》「元氣周報」發表專欄文章，且經營部落格，作為醫病關係的橋梁。

我喜歡醫學研討會，上網勤讀醫學期刊，常常早上五點多就起床看書、寫作，樂此不疲，這些都是以前行醫時，想做而不易做到的事。

我想，也許我有什麼才能欠栽培，因此退休後積極參與各種課程，也擔任陽明山國家公園的志工三年，結果發現我沒有美術的天分，對自然生態的認識不夠，醫學才是我的專長，很高興當初沒走錯行。

除此之外，我一星期有三天的固定行程：和朋友到陽明山健行、上ＫＴＶ課和參與病例討論會。其他時間會有不定期的朋友聚餐、郊遊、旅行和打高爾夫球等活動，忙得不亦樂乎，但也有充裕的放鬆休息時間，如讀書、看雜誌、看電影、聽音樂等。

陳醫師聽了，若有所思，但我猜想，他可能還是會繼續全職或兼職行醫，再慢慢地進入退休狀態。

以台灣男性七十六歲、女性八十二歲的平均餘命來看，六十五歲退休後，還有一、二十年的光陰。退休只是從職場退下，並不是從生活退休，只要好好規劃，會有更多的時間、自由和智慧，來享受美好的第二個人生。

互相取暖的後中年兒女

我們這群好友會不定期地聚首，一方面聽聽與自己有同樣困擾的朋友心聲和具體建議，可以借鏡；另一方面也知道別人的煩惱，覺得自己並不孤單。

談天說地的同伴們

有一種朋友，不常見面且生活圈子不同，似乎也沒什麼共同興趣，但一旦相聚，則歡喜交談，知無不言，言無不盡，猶如一場心靈饗宴。

我就有這麼十位左右年齡相差不遠的女性朋友，以前都在同家醫院的不同部門上班，因工作忙碌鮮少相遇，偶爾見面簡短寒暄，只知道對方人好又敬業而已。多年之後，有的退休追求自己的生活，有的轉換職場繼續打拚，此時也才比較有心情、有空分享談心。

我們這群五、六十歲的「後中年兒女」，雖還不是老人，卻也過了中年危機，大多不用再操心兒女，因此話題常繞著兩個主題打轉：一是健康狀況，二是年老雙親。

對健康的感慨

對自己健康的感慨最多的是記憶不如前了，有些人名一下子想不起來；也常常這裡疼、那裡痛，關節又僵硬；三高（高血壓、高血糖、高血脂）中常有一高；還有牙齒咀嚼力變差等等。甚至陸續還有人罹癌或中風，積極治療後都恢復得不錯，又繼續來參加餐會。

因此，大家相聚時，話題繞著看哪個醫師、吃什麼藥、在哪裡植牙、做什麼檢查、吃哪些健康食品。有人問有人答，意見紛紛，喝的是枸杞紅棗養生茶，吃的自然是低卡、低糖、少油、少鹽的小點心，熱鬧喧譁。

如果聚會是在朋友家，不怕吵到別人，但在餐廳時，則要自重地互相提醒，不要引人側目或影響店家生意。

找到讓自己放鬆、喘息的方法

但話鋒轉到雙親，氣氛就開始凝重，雙親的年齡從八十多歲到九十多歲，還有一百歲的人瑞級老媽。老人家大都患有慢性病，如失智症、中風、癌症等。一位朋友說她照顧父母心甘情願，也是應盡的責任，更感謝父母一向都很健康，直到做女兒的退休才開始生病。然而，經常要送父母分別就醫，來回奔波，覺得身不由己，還要與醫生討論病情和治療方針，責任一肩挑，不僅沒有自己的時間，而且許多事情都無法確實掌握。以前上班雖忙，但工作可規劃，不像目前完全處於被動的狀態。

為什麼不找兄妹們分擔呢？因為他們都還在職場衝刺，在這不景氣的年代，不忍心再給他們壓力。

那麼，請人幫忙吧！但要請到合適的人也不容易，需要訓練、溝通和互相適應，還需要一點運氣，像最近請的外勞跑了，還得等三個月才能再申請。

聽朋友如此煎熬，看來又如此疲憊、憂傷，大家都為她難過，更擔心她陷在這個困境中，獨自一人承擔照顧者的重任，也許有一天會崩潰。其實朋友目前最重要的是要留點時間給自己，讓自己喘息一下，畢竟先把自己照顧好，才能照顧好雙親。

經驗共享，自己並不孤單

其中一個喘息的方法就是像我們這樣的不定期聚會，一定要排除萬難來參加。一方面聽聽與自己有同樣困擾的朋友心聲和具體建議，可以借鏡；另一方面也知道別人的煩惱，覺得自己並不孤單。

不過，十人相聚，難免人多口雜，而且與位子坐得遠一點的朋友無法交談，於是我想到一個辦法。

飯吃到一半時，開始每人輪流發言三分鐘（有人負責控制時間），把她最近發生的重要事情，不管好壞，或學習心得，都可以和大家分享，如參加佛學講座等。其他人一定要安靜地聆聽後，才能簡單發問。

大家都有機會發言和分享，似乎回到從前上班時的開會時間，不僅有成就感，而且還可互相取暖，真好。

當我們一起變老

以前在報紙上看到「五十歲的老嫗」時，曾引起大家公憤，如今大夥兒大都已超越老嫗的年齡，卻互相不覺得老，原來是因為——大家一起變老了！

原來，大家都老了

我們十多位女性朋友，年齡相近，上下不超過十歲，由四十多歲時開始每月打一次高爾夫球，近年來有幾位陸續邁入六十大關。這十多年來，開始有人戴起護膝、護腕、護腰；有人扭了腰，更有人因腰部椎間盤突出而開刀；本來在球場上輕盈穿梭、健步如飛的人，如今非得坐球車不可。

那天球賽，我們這組四個人共坐一輛球車。我膝痛，擊球時膝蓋無法著力；

小曾也因膝痛而無法多走；小沈則腰痛，每次蹲下去插球座或是把球從球洞中撿起來時，都需小心翼翼。

小沈一向動作快、腦筋靈活又性急，每次都由她記桿數，那天卻狀況連連，明明向她報了數，一會兒她又問。後來大家決定請看起來最沒問題的小許記數，可是她卻說：「計分表太小，我看不見啊！」原來她已老花。

這下子，我們懂了，大家都老了，只是開始老化的器官各不同。

接納歲月的刻痕

打完球用餐時，大家嘻嘻哈哈，搶著講話。小林說她住處附近的一位大廈管理員，是個中年人，每次見到她就遠遠地高聲說：「老婆婆好！」她只好禮貌地回禮，其實心裡淌血。每次受傷後回到家裡，總在鏡子前左顧右盼，對鏡子說：「鏡子、鏡子，你說誰是老婆婆？」

有一天我搭火車，一位老太太（也許沒有我想像中的老）抱著兩歲的孫子坐我鄰座，告訴孫兒不要吵旁邊的「婆婆」。下車後在月台上，一位中年人問我：「大姐，請問捷運站往哪兒走？」經過百貨公司的化妝品專櫃，裡面的小姐親切招呼：「小姐，要不要試試我們的新產品？」到了水果攤，老闆問：「老闆娘，

看看喔，都是今天新到的。」

一日之間，稱呼數變，都很合宜，只不過稱我為小姐者是基於商業的眼光罷了。

記得以前在報紙上看到「五十歲的老嫗」時，曾引起大家公憤。如今大夥兒大都已超越老嫗的年齡，卻互相不覺得老，原來是大家一起老之故。如果把以前合照的相片拿出來一看，就知道歲月的刻痕有多深了。

帶著心中的小孩，與好友享受每一刻

人生如一首歌，激昂湍急、輕柔迴旋、高低起伏，只要懂得體會，每個階段都有它的美，收尾時逐漸放慢舒緩，只留餘音繚繞。這時候會發覺人生沒什麼好爭的，不必計較，也不用憤世嫉俗，到頭來自己的健康最重要。

而且，將來只有更老。每個人的心中都有一個小孩，還是保持一顆年輕的心，和一群一起變老的朋友們，好好地享受每一刻吧！

愛管閒事的阿姨們

我們這群「阿姨」們，身子骨還算硬朗，腦袋也還靈光，既沒有了年輕時的矜持，也不到垂垂老矣的體態，處在這人生的黃金時刻，總想為社會回饋點什麼。

把智慧回饋給社會

幾年前，加入了一個只有四、五位女性成員的健行背包客團體，每星期幾乎風雨無阻地固定半天到郊外健行，最常去的是陽明山。

夥伴們都在六十歲上下，已過中年、未到老年，搭台北公車刷悠遊卡時只嗶的一聲，而不是嗶嗶嗶連續三聲，於是自稱為「後中年兒女」，人稱「阿姨」。

我們這一群，已從職場退下，見過風浪，經濟獨立，不求名利（大概也求不到），家中暫無牽掛，身子骨還算硬朗，耳聰目尚明，腦袋也還靈光，既沒有了年輕時的矜持，也不到垂垂老矣的體態，處在這人生的黃金時刻，總想為社會回饋點什麼。除了當志工，因為常常趴趴走，有人很自然地成為環保人士或正義人士。

正義感十足的阿姨們

出外用餐，吃不完的，她會要你打包，不准浪費。陽明山上，有人亂丟紙屑、採摘花葉或烹煮東西，她會上前勸阻，曉以維護生態環境之重要。

公車上，小學生把車頂的握桿當單槓懸空跳躍遊戲，她會加以喝止，告知要愛惜公物。捷運上，有人用手機大聲聊天，講久了，她會前去請他小聲點。有人在捷運上吵架動手，她會去按車廂的緊急鈴。

可以耐著性子，冷眼旁觀年輕小姐在捷運上化妝，熟練地由乳液、面霜、粉底、彩妝到眼影、眼線、睫毛、口紅，一氣呵成，但會忍不住請鄰座穿短褲的小姐不要繼續當眾在腿上塗抹油了。

有次搭捷運，一位年長者剛好和我們同一站上車卻沒有空位，看到博愛座上端坐著一位年輕小姐，朋友對她說：「妹妹，這是博愛座，請你把位子讓給這位老先生吧！」萬分委屈的「妹妹」慢慢站起來，赫然是一位懷孕的年輕少婦。

朋友大吃一驚，連聲道歉，一面稱讚妹妹長得真年輕漂亮，一面把她按下去坐。幸好有其他乘客讓座給老先生，氣氛才不會太尷尬。事後這位朋友還告誡我們：「以後，看人要從頭看到腳哦！」

珍惜每一次相聚

然而，這幾年來，我們這群背包客雖一直維持四、五位，但成員進進出出，不斷變更。有的因為髖關節開刀，從此不方便健行；有的為讓兒女能在職場上無後顧之憂，自願在家帶孫子，且一帶就是連續兩個；有的因為需照顧年邁的至親而無暇外出，歇息了一陣子，至親往生後，再回來歸隊。成員來來去去，不曉得哪一天，會輪到自己也不能健行，因此更加珍惜每一次的相聚。

有一回，在陽明大學聆聽嚴長壽先生的精采演講，他感慨地說人的一生就是個輪迴，零到三十歲，由出生到成長，一路讀到碩、博士，都在受人照顧；三十到六十歲，開始結婚生子、工作養家、照顧雙親，扮演著照顧者的角色；六十歲之後，也許身上哪裡長了一顆瘤，或是背部不行了，又慢慢回到被人照顧的情境。因此他在六十歲之後，還不需別人照顧時，珍惜這黃金歲月，秉持著他一貫無可救藥的熱忱，到台東的偏遠地區推動教育，達到為人類付出的成就感。

在台灣，相信像我們一樣愛管閒事的人為數不少。

或許我們沒有嚴先生的財力、能力、毅力和人脈，但我們也有責無旁貸的社會正義感，也許可以在環境生活上、在日常小節上，發揮我們小小的影響力，積少成多，讓我們的生活更有品質。

享受一個人的時光

單獨一人並不代表孤獨落寞，而是自由率性、掌握即時，而且少了眾聲喧譁，更能專注欣賞世界的美麗。

一個人的自由率性

有次與一位初見面的女士聊天，她很訝異我會一個人去看電影，沒人陪、沒人分享怎麼可以？

其實看電影買票很簡單，到電影院也很方便，不需人陪，而且看電影是安靜獨享、專心投入在電影情節的時刻，不僅忌諱手機聲響，也怕前後左右鄰座交頭接耳，所以看電影時無須與人分享，反而是看完電影後可以打電話、上網，或聚會時與親朋好友分享。

我還告訴這位初識，我也一個人上餐廳、一個人打高爾夫球、一個人出國開會或旅遊，也常常看到陽明山國家公園裡，一個個老、中、青獨自走步道。

有親朋好友相伴同行、同遊同樂，固然歡喜，但現代人都很忙碌，要湊出一個大家都有空的時間來相聚不太容易，不如一人獨行，才不會錯過良辰美景。

單獨一人並不代表孤獨落寞，而是自由率性、掌握即時，而且少了眾聲喧譁，更能專注欣賞。

一個人的獨立自主

讀小學一、二年級時，有個星期天和父親到國小散步，看到運動場上高高豎起的爬竿，想在父親面前表現一下，我立刻往上攀爬，爬到一半累了，往下一看怕了，緊緊抱住竹竿，開始哭起來，希望父親幫我下來。

父親站在下面大笑，兩手一攤，說：「你在半空中，我也沒辦法啊！又沒人逼你，你自己上去，要自己下來。」我一想也對，只好自己小心翼翼地滑下來。

從此以後我知道，縱使是最疼愛我、在我眼中無所不能的父親，也有不能幫我的時候，一切得靠自己，要獨立自強，敢做敢當。

父親喜歡下圍棋，沒有棋友時只好找我對弈。我不會下棋，落棋後又常反悔，想把剛下的黑棋子拿回來，此時父親就說：「起手無回大丈夫。」我連輸兩盤，覺得無趣，不想奉陪了，父親又說：「講好下三盤的，做人要懂得擔輸贏。」我只好硬著頭皮再輸一盤。

後來我開始打高爾夫球，有時用力一揮，小白球不但沒有高高飛起、遠遠落下，而是近在咫尺。我不僅覺得沒面子又懊惱，很想怪下雨天場地濕，球友又剛好在我揮桿時大聲講話，讓我分心，實在很有藉口重揮一桿。旁邊的球友也同情地說：「不算，不算，重打。」這時，我就會聽到父親「擔輸贏」的聲音，於是我重新調適心情，抬起頭往前走，好好地揮出下一桿。

很多事情是無法重來的，不管結果好壞、不論輸贏，都要自己做自己承擔啊！

一個人的自得其樂

一個人遊樂，一個人工作，一個人擔當，有時是出於自己的選擇，但也常常是情勢使然。

例如，台灣人口老化又少子化，男性的平均壽命七十六歲，女性則高達八十二歲，意味著同年齡的夫妻，很可能妻子往後得獨自生活六年，需懂得如何照顧自己、自得其樂。

幸好，近年來社會風氣開放，大家對獨來獨往的人司空見慣，甚至超商也販售一個人分量的食物包裝，凸顯出大前研一所說的「一個人的經濟」，一個人的生活方便多了。

一個人也可以吃西餐

一個人用餐不用客套，可以專心地享受食物，優優閒閒地觀賞街景，也可以看看書報，或是寫寫文章，愛坐多久就多久，這樣的生活不是很自在嗎？

從容用餐的老先生

週末，與兩位朋友在台北東區巷內的一家西餐廳吃晚飯，因為物廉價美，座上盡是年輕人，一入內，就發覺我們三人年紀最大。

才坐下沒多久，朋友說：「我們變第二名了。」原來是門口出現了一位約七十多歲的老先生。

服務員引他坐到我們旁邊的位置上。只見他從容點了菜，起身到書架上拿了一本雜誌，優閒地翻閱，把送上來的每一道菜都吃得精光，然後施施離去，看來是熟門熟路的常客。

朋友嘆道：「原來一個人也可以吃西餐。」

預先做好心理準備

在坐五望六的年紀，同年齡層的朋友為照顧雙親、公婆而身心疲憊的不乏其人，如果是喪偶的長輩，更需要加倍照顧；而自己兒女離家上學或創業，漸成空巢。

戰後嬰兒潮這一代的女性多有不婚、失婚、離婚，或配偶過世而形單影隻，眼看將來就是獨自一人走完人生。

即使是恩愛夫妻，女比男長壽，老年期的最後五到十年也往往得自己走下去。

根據衛生福利部二〇一三年六月的《老人狀況調查報告》，台灣六十五歲以上的獨居老人占了百分之十一．一，即每九位六十五歲以上的老人就有一位是獨居者。所以不管是自願，或非自願，情勢使然，一人用餐的機會是愈來愈多了，稍有年紀的，最好要有心理準備。

一個人吃飯的小技巧

一個人要怎麼吃飯？可以買菜做飯後，一邊看電視一邊吃；可以買熟食或便當回家吃；可以在外面吃自助餐，在速食店吃漢堡，吃涮涮鍋；當然，也可以到西餐廳優閒地享受一下。

曾看過一篇文章，作者提出一些小點子，讓單獨用餐的女性能較自在。例如：避開用餐高峰時間，可以提早一小時或延後一小時；跟服務員要比較安靜、不太顯眼的位置，帶本書去看等等；給服務員豐富的小費，以便明天來時，服務會更好。

如今，女性單獨用餐愈來愈普遍，大家也習以為常了。而且世事難料，很有可能今天看人單獨用餐，明天就獨自舉箸呢！

其實一個人用餐也有些好處，不用客套，可以專心地享受食物，優優閒閒地觀賞街景，也可以看看書報，或是寫寫文章，愛坐多久就多久。吃完後，散步回家，了無牽掛，這樣的生活不是很自在嗎？

等你若老，你就知道

假如，我們每個人心中也都能有一面鏡子，當年老時，鏡子裡浮現出當年青春洋溢、功成名就的樣子，會覺得自己曾經擁有、走過，心中無憾。

每位長者都曾經年輕輝煌

週日晚間同學請吃飯，很驚喜地看見同學伉儷帶著外勞，推著輪椅進入餐廳，上面坐著打扮得整潔漂亮、罹患失智症的九十歲伯母。

坐定後，同學太太和外勞輪流為伯母夾菜，仔細切成小塊，一口一口放入老太太口中。老太太胃口佳，精神好，像個小孩子般，不時伸出戴了漂亮手套的雙手想摸桌上的碗筷，或只是含笑點頭，神情顯得很高興。

雖然伯母不說話，但當同學把臉靠過去問她：「我是憨兒嗎？」她立刻慈愛地回答：「黑白講！」如此溫馨的畫面讓我好感動，也很感慨。

每位失智長者都曾經年輕輝煌過，有過得意的事業或對家庭有很大的貢獻。例如同學提到，當年他在台北讀醫學院時，每次回南部老家，一向呵護他的母親總會輕聲叮嚀：「對人要卡好喔，萬事攏要忍耐，身上有帶零角仔坐車嗎？」在他成長階段不斷提點，因而造就同學日後家庭和樂、事親至孝，且開業成功、醫病關係融洽。

人生數十寒暑，很快地就從此端到彼端。記得中年的我，有時催促母親動作快一點，她就會說：「等你若老，你就知道。」

果然，逐漸步入老年的我，開始腰痠、背痛、頸硬、膝疼，走路時也開始需要人家等我了。

珍視歲月之鏡

那天，看到網路上一部廣告短片，一個個年輕人從車子的後視鏡、從大樓的玻璃窗反光中，看到的是自己當年四、五歲的可愛活潑模樣，也跟著舞動跳躍起來，活力四射。

假如，我們每個人心中也都能有一面鏡子……

年幼時，鏡子裡投射出我們將來長大事業有成、意氣風發，以及隨著歲月逐漸增長而老態龍鍾、慢性病上身的樣子，就會讓我們除了在有所期待的同時，還會心生警惕，對老弱殘疾更有同理心，也更懂得珍惜當下。

當年老時，鏡子裡浮現出當年青春洋溢、功成名就的樣子，會覺得自己曾經擁有、走過，心中無憾。

而當失意徬徨、恐懼不安時，心中的明鏡會提醒自己以前曾經如何度過難關，繼而提升自信，積極解決問題。同樣地，春風得意時，心中的鏡子會顯出將來的黯淡時刻，就要懂得準備優雅地走出光圈。

建構自己內心的明鏡

心中的明鏡不僅觀照自己，也可以運用點想像力，投射在別人身上。

例如，遇到達官貴人或有威嚴的人士時，心中的鏡子不妨浮出他們小時候或年老的形象，人馬上變得平實可親，也就不會害怕，而能坦然與之對話，離孟子所說的「說大人，則藐之，勿視其巍巍然」也不遠了。

而面對年輕的後輩，若心中照出他們將來青出於藍、成就大業的情景，也會提醒自己在提攜後輩的同時，不要倚老賣老，要互相尊重。

當然，心中明鏡不是天生擁有，但是多看看身邊各種值得學習的對象，或許我們都能慢慢建構出心中的一面明鏡，提升自我，讓世界更有愛。

樂觀性格遠離疾病王國

樂觀的人，凡事朝好的方面看，期望也相信將來會往好的方向走，遇到疾病時較能適應困境、有較高的社會支持度，因而有比較好的生活品質，甚至治療效果。

心態會影響病況

兩位好友最近分別因癌症和主動脈剝離而動了大手術，手術成功，都在接受後續的治療。不過，這個消息大大地震撼了我們這群後中年兒女。

正如著名的美國作家蘇珊．桑塔格所說，每個人都握有雙重公民身分——既是健康王國的公民，也是疾病王國的公民。儘管我們都希望僅使用健康護照，但遲早每個人都會成為疾病王國的公民。

生了病，要就醫。疾病的預後雖然取決於病症的嚴重度、醫療資源、藥物、照護和個人身體狀況等客觀因素，但病人的心態多少也有影響。

近年來，「正向心理學」逐漸引起注意，其中以樂觀性格和罹病所造成的個人成長，對醫療效果的影響最為顯著。不過，發表在二〇一〇年《行為醫學年刊》的一篇綜論也提醒大家不能太偏頗，不要以為不用接受正規醫療，只要努力專心冥想就可把疾病治癒了。

的確，不少人得了重病後，會停下來仔細地想想自己的人生清單，有哪些是真正重要、自己真正想做的？想對哪些人說謝謝，修補嫌隙？進而放慢腳步，欣賞有限人生，或在工作上有重大轉捩。

樂觀的人比較健康

樂觀的人，凡事朝好的方面看，期望也相信將來會往好的方向走。雖然醫界目前沒有共識，但有不少學者報告，具樂觀傾向的人遇到疾病時，比較能適應困境、有較高的社會支持度，因而有比較好的生活品質，甚至治療效果。

而且，樂觀性格的人可能比較健康，例如美國的「婦女健康關懷研究」，對九萬七千二百五十三位，五十到七十九歲的無癌症或心臟病的婦女，做「樂觀」

的性向測驗。追蹤八年後，經過詳細分析，發現最樂觀的四分之一的婦女比最不樂觀的四分之一的婦女，得到心肌梗塞的機率少了百分之十六，總死亡率降低百分之十四，雖然數據相差不多，但仍具統計上的意義。

快樂思考，免疫系統更活躍

樂觀性格如何影響健康呢？有學者認為，可能有助增強人體的免疫系統。功能性磁振造影掃描顯示，持樂觀的想法時，大腦的杏仁核（司管情緒）和前扣帶迴（輔佐訊息處理，並與情緒、記憶等功能相關）的細胞會活躍起來。

樂觀傾向與安慰劑的作用有點類似，安慰劑對有些疾病（如憂鬱症）的療效甚至達三、四成，那是因為強烈的期望、相信的效果。

雖然目前沒有定論，但我個人認為樂觀的人比較能正視問題，有最壞的打算，同時又抱著最大的希望，遵循醫囑、配合治療、持之以恆，且改變不好的生活習慣，因此會有較好的療效。

兩位好友一向樂觀、積極又堅強，相信耐心地配合醫療，一定會很快地走出疾病王國，再度擁有健康護照。

變老有失有得，日落才見彩霞

從準備退休時，我就開始自我調適，首先是接納自己外貌的改變，接受自己能力有限和逐漸消失的價值，接著學習面對孤獨，放下執著。變老，並非只有失去。

每個人的必修課

朋友在捷運上被一位有禮貌的中學生讓位，六十歲的他驚訝不已，甚至有點惱怒，還回頭看看對方是不是要讓給另一位有年紀的「阿伯」。這是他第一次發現自己變老，雖然他並不覺得，也不想承認自己老。

個人成長與變老的形象，透過別人眼中直覺反映出來的稱謂有時讓人欣喜，有時則是訝異、惱怒，甚至無奈。還記得第一次由小妹妹被叫成小姐的感受嗎？

被稱為太太、媽媽、伯母或阿嬤的滋味嗎？是高興「我長大了」，還是抗議「我哪有那麼老」？

人出生後不停地成長、茁壯，達到頂峰，然後再不斷地失去：容貌、體態、體力、生產力、財富、地位、人脈、親友，到最後的生命。失去的過程，有漸進的，也有一夕之間突然發生，令人措手不及。因為不知什麼時候就變老了，所以最好的方法是先做好心理準備。

一位朋友送我了一本書《擁抱老年心生活》，內容剛好是談論變老的藝術。德國的古倫神父在他六十二歲時發表此書，對於「變老」有深刻體會：變老在心理上是一堂逐漸接納、接受、學習、放下，到最後自由、自在的過程，是每個人的必修課。

因此，從準備退休時，我就開始做自我調適。

首先，是接納自己外貌的改變

在公車或捷運上被讓位時，欣然接受。如果沒人讓位，那就慶幸自己外貌的改變跟不上年齡的腳步吧！

接受自己能力的有限和逐漸消失的價值

坦然地接受自己能力的有限和逐漸消失的價值，重大事情不再被諮詢，聚餐盛會不再被邀請。

在學術研討會上，逐漸由演講者的角色升為座長，雖然有德高望重的意涵，但多少有點提醒你「變老」了。漸漸地，連座長也沒得當了，只是一位在台下聽得津津有味的聽眾，不過卻也不用因掛念病患的病情變壞而得隨時準備要離席。

有一次研討會時，演講者不知道我坐在台下，他提到我以前的研究時說了一句：「不過，聽說她不在了。」他的意思是「不過，聽說她已退休，不再繼續研究了」。我卻忍不住小聲說了一句：「我還在。」沒想到在安靜的會場上引起一片笑聲。想想，剛退休的我還真不甘寂寞啊！真對不住那位演講者。

接著，要學習面對孤獨

以前身旁前呼後擁的人不見了，開會時沒人問你要不要車子接送，也沒人熱心地為你遞送咖啡、點心。幸好，我以前就常獨來獨往，不願麻煩人，所以衝擊沒有那麼大。而且既然已不在舞台上，不再有喝采，就要在台下給別人掌聲，欣

賞他人的成就。

最難的是放手，放下身段更難。有位醫院院長，退休之後，從有司機的座車，到自己開車困難地找停車位，並常搭公車、坐捷運，怡然自得，從容自在，是我尊敬學習的榜樣。

放下對權力、財產、健康的執著

而且，要放下對權力、財產、健康的執著，才能安然自在。

你不放下，它遲早也會一一離開你的。放下健康並不是不注意身體，而是不要整天執著地追著健康跑，不要到了六十歲還堅持需有二十歲的體能和外貌。

變老並不是只有失去，可以在沒有業績或他人期望的壓力下，培養新的興趣，追尋以前的夢想。就像傍晚時分的觀音山，日落之後，才會有滿天美不勝收的彩霞。

Chapter 2

真健康！

給身體所需的適當關照

小孩說的話是最純真不造作的，當他們看到不認識的老人家，沒人教，卻會主動叫「奶奶」或「婆婆」，而不是「阿姨」，可見歲月刻畫在人身上的軌跡是藏不住的。

人老了，皮膚不再有彈性，臉上皺紋愈來愈深，各種器官逐漸萎縮，代謝也愈來愈慢，身體的水分減少、肌肉鬆軟、關節僵硬、動作遲緩，整個人看來好像縮小了一號，且記憶減退，思緒不再敏捷。

然而，每個人老化的速度不同，而且各個器官老化的程度也不一，主要是看個人對老化的適應和調整的能力，以及是否伴隨有與老化相關的疾病，如癌症或神經退化性疾病等，因此，有成功的老化、一般老化和快速老化的區別。

雖然老化是每個人必經的過程，但幸好，我們的大腦有可塑性，腦細胞有代償作用，肌肉可以鍛鍊，免疫也可以加強。縱使都不能改變，還可以從行為和生活型態來調適，如練習提升專注力、持續運動、維持興趣、學習慢活，有病時配合醫囑，讓身體處於最佳的狀態。

常休閒、多動腦，可以防失智

大腦是「用進廢退」，所以預防失智症最有效又不費錢的方法，就是多思考、多動腦，讓我們的大腦不斷地受到啟發、強化刺激。

多思考，有效預防失智症

有位朋友說：「我家的老貓十七歲了，很可能是得了老年癡呆症。」問他為什麼？他說：「常常才剛餵過食物，卻又來要東西吃，一定是忘了牠已吃過，這不是老年癡呆症嗎？」

一般人對於失智症很警覺，沒想到，竟然連對寵物都如此。

門診中，常遇到擔心自己得了阿茲海默症（最常見的一種退化性失智症）的人。當我告訴他神經心理檢查及記憶力測驗的結果都很好，並無失智現象時，他還是會不放心地問：「那麼，是不是要吃藥或補點東西來預防呢？」

其實，預防失智症最有效又不費錢的方法，就是多思考、多動腦。

受教育愈多，「知能存款」愈多

阿茲海默症的臨床症狀及腦部病理變化，在一百年前就很清楚，其致病機轉也漸漸浮現。但是，除了百分之五是自體顯性遺傳外，大部分阿茲海默症的原因未明，目前知道某些危險因子（或易致病因子），而其中較為大家所認定的是低教育。

不少流行病學的研究都顯示，低教育者罹患阿茲海默症的機會比高教育者高。其中一個研究是來自瑞典斯德哥爾摩老化中心，發表於《神經學雜誌》。作者對無失智症的一千二百九十六位七十五歲以上的社區老年人，平均追蹤二．八年後，共有一百零九位發生阿茲海默症；而受教育少於八年者得到阿茲海默症的，為受教育八年以上的二．六倍。

不見得要受高等教育，但要不停動腦

有個美國紐約哥倫比亞大學醫院的研究，發表於《神經學雜誌》。作者比較三組不同教育程度的阿茲海默症患者的腦血流變化，結果發現，高教育組的腦血流，明顯比其他兩組低教育者的腦血流量為低，表示其大腦退化程度比較嚴重，但是這三組在臨床上的失智嚴重程度及病程卻相當。

這個研究顯示，教育對阿茲海默症的作用，並不在防止或改變阿茲海默症的病理變化，而是減輕其臨床症狀。表示其「知能存款」（cognitive reserve）較多，禁得起提領，因而使症狀較輕或較慢出現。

「知能存款」並不是教育本身的功勞，而是在接受教育的過程中，我們的大腦不斷地受到啟發、刺激，不斷思考、用腦，因而增加大腦神經細胞突觸（synapses）的功能，使得神經細胞間的傳導及連繫更加快速，也就是「用進廢退」。

所以不見得是要受高等教育，但是要不停地動腦。

多從事心智活動，較不易得阿茲海默症

一篇發表在《美國醫學雜誌》，來自於芝加哥一家醫院的研究正好可以證實

這個理論。

作者對七百三十三位（平均七十五歲、教育程度十八年）無失智症的神職人員（修女、神父等），長期追蹤平均四年半之後，共有一百一十一位發生阿茲海默症。

剛開始時，所有參加者均接受神經心理檢查、記憶力測試，以及「從事常見的心智活動的程度」問卷調查，分別是：看電視、聽收音機、看報紙、閱讀雜誌、讀書、玩遊戲（如紙牌、下棋和拼字遊戲），以及參觀博物館共七項。

這七項所得的分數平均後，得到一個最後分數，介於一．五七至四．七一之間，分數愈高，表示心智活動愈頻繁。後來發生阿茲海默症這組（一百一十一位）的平均心智活動分數為三．四六，而仍無失智症組（六百二十二位）的分數為三．五九，兩者相差具統計上的意義。

如果進一步分析，把參加者的性別、年齡及教育都考慮在內的話，心智活動分數每增加一分，則發生阿茲海默症的機會就減少百分之三十三，而且每年神經心理測試的分數減退也會少了百分之四十七。

這是個很令人振奮的發現，多從事心智活動確實可降低阿茲海默症的發生率，但此篇論文並沒有比較這七項活動何者孰重孰輕，何者最有效。

多閱讀，最有效

這可由另一篇發表於《美國神經學雜誌》，來自於紐約哥倫比亞大學的一篇論文中得到答案。

每位參加者在加入時，均接受一個十三種休閒活動的問卷，這十三項活動可歸為知能、體能及社交活動三大類，包括：編織或音樂等嗜好；散步；造訪親友；親友來訪；運動；看電影、吃館子或看比賽；閱讀雜誌、書籍或看報紙；看電視或聽收音機；擔任社區志工；玩紙牌、遊戲或賓果；上俱樂部；修課；上教堂或廟宇。

結果發現，休閒活動分數愈高者，發生失智症之可能率就愈低。因為身體上的疾病、中風、憂鬱症會影響其休閒活動，但即使把這些因素及參加者的教育程度和職業都考慮在內，休閒活動分數高的人，比低者得到失智症的機會仍少了百分之三十八。

這十三項活動中，以閱讀雜誌或報紙最有效，得到失智症的機率減少百分之五十一，以下依序是：造訪親友（減少百分之四十），看電視或上館子（減少百分之三十八），以及散步（減少百分之二十七）。

所以，當你看文章看到這裡時，恭喜你，你得到失智症的可能性又減少了。

老年人上網，好處多

上網，可以減少社會隔離和孤單感、減緩老年人近期記憶的消退，並可預防失智症，想學上網不用卻步，只要懂得幾個簡單的操作方式，就可以順利上手了。

做個不落伍的網路族

自從陳先生的兒子送給他一台平板電腦，並教會兩老使用網路後，八十七歲的陳先生，天地豁然開闊起來。

例如要去某個地方旅遊，陳先生就會先上網去了解這個地方，由這個地方又發現其他有趣的地方，一直串連下去，好像「綠豆接綠豆」沒完沒了。

陳太太想要煮個甜湯，也會上網，查看紅棗、木耳、枸杞和蓮子等分別需要煮的時間，真的是做到了不出門，能知天下事。

網路是時代趨勢，年輕人固然與網路一起成長，就是老年人也逐漸加入了網路世界。老年網路族，有的只是簡單地收發電子郵件、看網路新聞或玩遊戲，積極的則搜尋健康訊息、上網掛號、網路購物和經營部落格等。

近年來，智慧型手機崛起，社交媒體的應用程式，讓老年人可用免費視訊與國外兒孫交談。聚會場所，常見中老年人們興奮地人手一機「搖一搖」，紛紛加入社交群組，即時分享相片和各種訊息。

上網，可以減少社會隔離和孤單感

上網除了實用和增長見識外，也讓人比較不會感到寂寞孤單。

二〇一四年三月《老年學期刊》的一篇論文，對三千零七十五位沒有兼職的美國退休人士（其中百分之三十規律使用網路），由二〇〇二到二〇〇八年間，每兩年追蹤一次，並以一種憂鬱量表（CES-D）評估其憂鬱症狀。

經過統計分析，且把年齡、性別、教育和過去是否有憂鬱症狀等因素也考量在內，發現使用網路比不使用者的憂鬱症少了百分之三十三，尤其對獨居者更為顯著，可見上網可以減少社會隔離和孤單感。

上網，可以減緩老年人近期記憶的消退

不僅如此，上網還可能減緩老年人近期記憶的消退。

二〇一四年九月《老年生物醫學期刊》的一篇英國研究，對六千四百四十二位五十至八十九歲的居民（其中百分之三十五使用網路）追蹤八年，並以十個字詞的延遲回憶測驗其近期記憶，結果發現使用網路者的近期記憶分數，比不使用者平均高了百分之三。

上網，可以預防失智症

那麼，上網能不能預防失智症呢？

一個二〇一二年澳洲柏斯的男性健康研究，對象是五千五百零六位，六十九至八十七歲的男性（其中百分之三十四使用電腦），平均追蹤六年後，有三百四十七位被診斷為失智症。

經過統計分析，發現使用電腦者罹患失智症的機率比不使用者低了百分之三十八，且與使用頻率有關。使用電腦每週不到一次、每週至少一次及每天至少

一次的人，得失智症的機率，分別為不使用者的百分之六十八、百分之六十一和百分之五十九。

其實使用網路就像許多刺激腦力的活動，如閱讀和下棋等，有助預防失智症。

循序漸進，就能順利上手

當然，上網也有許多要注意的地方，例如：姿勢要正確；每上網一個小時，一定要稍作休息，起來伸展身體或走動。

還有，網路的訊息，尤其是健康和疾病的報導，不見得正確，不能盡信也不要隨便轉傳，當然也要注意個資的安全等等。

想學上網的老年人不用卻步，就像開車不需要懂得汽車的製造原理一樣，只要懂得幾個簡單的操作方式，循序漸進，就可以順利上手了。

膝蓋讓我學會謙卑

人的器官是有使用期限的，使用過度，毛病就會出現，我的膝痛是個警告，趕緊調整步調還不太晚，讓我學會謙卑，繼而感恩，好好地善待它、珍惜它。

我有退化性關節炎

六年前，我在走路時會感到左膝疼痛，坐下休息就好。以前雖也曾這樣痛過，但一、兩天就好了，我以為那回也是一樣，沒想到卻愈來愈嚴重，有次痛到膝蓋一軟，整個人跌坐在沙發上。因為膝蓋沒受過傷，也沒有紅腫發熱，我自己診斷是「退化性關節炎」。

膝蓋退化性關節炎在中老年人很常見，女性較多。因此，女性朋友紛紛現身說法，有的掀起長褲，露出所戴的護膝；有的讓快遞送來一盒維骨力；有的給我酒與葡萄乾的祕方；有的打過玻尿酸；有的讓我看看她兩膝上人工關節的刀痕。

膝蓋退化性關節炎的治療，主要是減輕疼痛，維持膝蓋功能和生活品質，進而防止惡化。減緩疼痛的方法，有口服或局部使用止痛消炎劑。

如果沒效，可考慮在膝關節注射類固醇、玻尿酸或高濃度血小板血漿。

若退化太嚴重，以上治療都無效時，最後一關是置換人工關節。

而不痛時，要做大腿股四頭肌的肌力訓練，以減輕膝蓋的負擔。

葡萄糖胺對膝痛有效嗎？

保健食品中的「葡萄糖胺」對膝痛是否有效呢？

此類成分主要有三種：葡萄糖胺不含鹽類（glucosamine）、鹽酸鹽葡萄糖胺（glucosamine hydrochloride）及硫酸鹽葡萄糖胺（glucosamine sulfate）。

大家熟知的「維骨力」是硫酸鹽葡萄糖胺的一種商品名。葡萄糖胺對緩解膝痛的許多臨床試驗結果並不一致，因此目前沒有定論。有學者建議服用硫酸鹽葡萄糖胺和軟骨素三個月，如果膝痛沒改善，就停用。

使用過度，毛病就出現

我想除了年齡，我膝痛的主要原因是「使用過度」。我愛走路，在馬路上常嫌前面的人走得慢。在高爾夫球場上也快步疾走，覺得坐球車的人真奇怪，怎麼不下來走路呢？

膝痛之後，我連上公車時，膝蓋都無法著力，需用兩手抓緊把手，把身體帶上去。在馬路上也只能慢慢走，聽到後面的腳步聲，側身讓路，博得路人帶著笑意的答謝。打球時開始要求坐車，球友們的表情不言而喻：「你也有今天！」

人的器官是有使用期限的，使用過度，毛病就會出現。問題是我們年輕時，並不知道自己膝蓋的使用期限是多少，所以一開始就要「省省地用」。我的膝痛是個警告，趕緊調整步調還不太晚，讓我學會謙卑，繼而感恩，好好地善待它、珍惜它。

膝蓋退化性關節炎的病程因人而異，有人症狀會改善、穩定，也有人逐漸變壞。經過休息、少走路和服用止痛消炎藥，我的膝痛獲得明顯改善，在參加健行活動時，我開始隨身攜帶登山杖，遇到上下坡，我都會拿出來使用以減輕膝蓋的負擔。

關於這次事件，好友給我忠告：「醫生常自以為什麼都懂，或不好意思去看別的醫生，反而會耽誤病情。」

所以各位朋友，如有同樣情況，請趁早就醫。

健行，要多準備幾顆糖

為了安全起見，健行時最好吃點東西，並選擇全麥麵包或餅乾等食物，還要準備幾顆糖果，萬一發生低血糖時可以救急，也可以幫助有需要的人。

健行對老年人最好，也最容易進行

幾年前在台灣上映的電影《佐賀的超級阿嬤》裡，八歲的昭廣因母親生計困難而被送到佐賀依靠阿嬤。同樣貧窮的阿嬤充滿了人生的智慧和幽默。當學校要每位同學選擇學習一項運動，昭廣因買不起網球拍等器材感到煩惱時，阿嬤提出「跑步」當作他的運動，不但不用花錢，而且可以健身。

健行也是一樣，不用特別花錢，只要有一雙舒適的鞋子，必要時帶一根登山杖，隨時可走、隨處可行，而且可以健身，是對老年人最好、也最容易進行的運動。

因此，我退休後，每星期與三五好友搭公共運輸工具，偶爾也開車，到大台北的各地景點健行，而且不在星期假日，以免人潮擁擠，約半天就可來回，身心舒暢。

爬山到一半，血糖低到快昏倒

二〇一四年一月初早上十點多，陰天乾冷，和兩位好友一起爬台北市的象山，一路是陡直的階梯。我愉悅地踏著階梯，快速往上走，雖然小腿有點痠疼，但不減我的興致。

約莫十分鐘後，我忽然覺得有點累，不由得放慢腳步，接著頭昏、無力、噁心，肚子怪怪的，趕緊坐下來，自知可能是低血糖的反應，幸好脈搏仍平順。

坐在石階上，居高臨下，遊客三三兩兩地朝著我走上來，我一一向他們討糖吃，可是都沒有人帶。還聽到一位先生跟同伴說：「唉！一定是糖尿病的低血糖，怎麼自己沒預備呢？」

幸好，階梯下方有位年輕人聽到我在要糖，立刻從背包裡掏出一顆糖，飛奔送上來，我急忙剝開糖果紙，一口塞進嘴裡。接著，發覺我沒跟上去的兩位朋友下來找我，見我臉色蒼白，又給了我一顆糖。

兩顆糖含在嘴裡，我心裡篤定多了，但症狀尚未改善，而且視線有點模糊，我只好躺下來，左手緊抓著旁邊的欄杆，背後墊著朋友的厚外套，以如此不雅的姿勢在階梯上躺了幾分鐘，才慢慢地坐起來，猛然想起背包裡不就有塊紅豆麻糬嗎？於是三兩下地把麻糬吞下，又休息了一會兒，然後才若無其事地繼續往上走。

算一算，在階梯上總共停留了約十五分鐘。

為什麼會發生低血糖？

我並沒有糖尿病，沒在服用藥物，早餐量也正常，怎麼會發生低血糖呢？十四年前，曾因為只吃了一顆橘子當早餐，走在天母古道的階梯時發生低血糖，頭昏、心悸、冒冷汗並倒地，症狀比這次嚴重，幸得好心路人給了三顆糖，讓我迅速恢復，事後並撰文發表了一篇〈救命的三顆糖〉。

從此之後，我健行前一定吃早餐，而且也會隨身帶幾顆糖果，偏偏這次就忘了帶。

低血糖最常見的原因，是糖尿病患者注射胰島素或服用降血糖藥物過量而引起；或者雖然平時藥量適當，血糖控制得當，但一時因增加運動量或減少食量，使得藥量相對變重而造成低血糖。所以那位遊客認為我可能是糖尿病藥物所引起的低血糖，是很合理的揣測。

非糖尿病的低血糖比較少見，分為反應性低血糖（如胃切除手術）和空腹性低血糖兩大類。

容易低血糖的人，調控機轉較敏感

人類身體細胞能量的來源主要來自於醣類和脂肪，而要快速地產生能量時則主要靠燃燒醣類。

正常情況下，當我們進食，尤其是吃了醣類後，血糖升高，此時胰臟會立刻分泌胰島素，進入血液裡，經由細胞膜上的葡萄糖轉運蛋白把葡萄糖送入細胞中，以促進細胞對葡萄糖的利用，其中大部分的葡萄糖以肝醣形式貯存於肌肉和肝臟中，因此血糖得以降低，維持恆定值。

當空腹，尤其是晚上睡覺而長時間沒進食時，肝臟的肝醣會釋出葡萄糖，以避免低血糖。

運動時，所需要的能量來自於肌肉的肝醣。而且，運動本身會促進葡萄糖轉運蛋白的作用，把血中的葡萄糖帶入肌肉中以產生能量，因而降低血糖。

低血糖症狀是一種警訊

當血糖降低，身體會啟動一系列的生理防衛機制，胰臟會減少胰島素的分泌，而增加生糖素（glucagon）的分泌，促進肝臟釋放出肝醣，以維持血糖濃度。

如果血糖降低速度太快，肝臟來不及反應，則大腦會啟動交感神經和副交感神經系統，釋放出腎上腺素、正腎上腺素與腎上腺皮質醇。此時，會出現頭昏、噁心、肚痛、心悸、手抖、流冷汗等低血糖症狀，並且血管收縮而使臉色蒼白。

這些低血糖症狀是一種警訊，使得人們會趕快找東西吃或靜脈注射葡萄糖水。

血糖低時，大腦也會努力適應，如增加葡萄糖傳遞、減少葡萄糖的消耗以及動用儲備的肝醣等，以維持大腦功能；但如血糖持續降低，則腦神經細胞衰竭，會出現抽搐、昏迷，甚至危及生命。

因此，我推測在象山低血糖的那天，我雖然有吃早餐，但已過了四小時，血糖逐漸降低。加上我快速爬上階梯，腿部肌肉的收縮，促使葡萄糖轉運蛋白把葡萄糖帶入肌肉，因而加速血糖降低，產生症狀。

準備升糖指數（GI）較低的食物

那麼，為什麼健行的人那麼多，只有我一個人出現低血糖症狀？這是因為空腹血糖的調控機轉因人而異，有些人較敏感，有些人則能長時間禁食。

為了安全起見，健行時不但不要空腹，且最好再吃點東西，並選擇升糖指數（GI）較低的食物（如全麥麵包或餅乾），讓血糖慢慢上升。還要準備幾顆糖果，萬一發生低血糖時可以救急，也可以幫助有需要的人。

我得了帶狀疱疹

這次疱疹，讓我再次體會到人過中年，身體隨時會有狀況發生，需小心謹慎。當然，一般民眾還是要先就醫，並且耐心回診或追蹤，病情就會水落石出。

帶狀疱疹通常先痛個五天，皮膚出現水疱後才能確診

七年多前，我左腰一陣陣刺痛，每次只痛個三、五秒，但每隔幾分鐘就痛一次。像針刺，又像錐子在鑽，痛得我常眉頭一皺，話講到一半也不得不停下來。

第一個直覺反應是神經痛，簡直與教科書上一模一樣，最有可能的是帶狀疱疹。由於帶狀疱疹通常會先痛個五天左右，皮膚出現水疱後，才能確定診斷。這種神經痛雖然惱人，但無傷害，我就決定忍一忍，不吃止痛藥，以觀察疾病的自

然過程。

但疼痛程度愈來愈厲害，半夜常把我痛醒。我用手壓住左腰及左後方第十二根肋骨處時，會有壓痛及麻木感；而且坐久了，左腳外側也會麻木一陣子。於是信心開始動搖，會不會有其他可能？

最近在學游泳和太極拳，會不會自己亂踢、亂比畫，扭了腰，造成椎間盤突出而傷了神經？

或是我原本左腎的小結石開始作怪？

還是我兩年前的乳癌復發，轉移到腰椎和肋骨？

我取消了那幾天以及接下來一週的所有活動，不同朋友在不同時間點聽到我取消活動的理由都是「生病了」，聽到的卻是我自己猜測的不同病名。

家人催著我就醫，我不肯，因為我就是醫師嘛！而且如果現在去，相信醫師也會與我一樣，建議我休息並服用止痛藥，等一星期後，皮膚如果沒出現皰疹，再考慮做其他檢查，找其他病因。而且，如果真是椎間盤突出或乳癌轉移，等一星期也不會有差別。

到了第三天晚上，痛得實在是忍不住了，到藥房買了止痛藥，每六小時吃一顆，才把痛止住。這期間我每天對鏡多次，期待著疹子長出來。

第五天一大早，我掀起衣服一看，赫然發現左下背部長出一塊紅紅疹子，有

些有水疱。哇！果真是疱疹，可愛的小紅水疱，我高興得不得了，因為其他較麻煩的病都被排除了。

於是我放心等到隔天週一，就醫證實我的診斷。幸運的是，水疱雖然繼續往前延伸到左下腹，但數量不多，也沒併發疱疹後神經痛。

俗稱「皮蛇」的帶狀疱疹

帶狀疱疹俗稱「皮蛇」，是小時候出過水痘，水痘病毒潛伏在患者腦神經或脊髓神經的感覺神經細胞，經過好幾十年，伺機活躍起來，並且改頭換面，變為帶狀疱疹。

因為病毒由脊髓後側感覺神經細胞順著感覺神經，逐漸走到皮膚的末梢神經，所以通常先疼痛三至五天後，在其感覺神經所支配的皮膚才出現紅疹，接著變為膿疱，然後結痂，約兩星期恢復，疼痛也跟著消失。

約每五位就有一位患者會併發「疱疹後神經痛」，即在皮膚疹消失後的幾個月到幾年後，神經痛依然持續，不僅干擾生活，讓人無法專心工作，有人甚至續發憂鬱症。

「皮蛇」只會長半圈

帶狀疱疹的好發部位是胸部和腰部，但也可能出現於頸部、臀部、額頭和頭頂（三叉神經支配）、耳朵（顏面神經支配）等。病毒通常只侵犯一條神經，且是單側。

有人說：「皮蛇如長滿一圈時，人就完了。」其實不用擔心，它本來就只會長半圈而已。又因病毒由背後的脊髓感覺神經細胞往前延伸，所以疼痛是由背部往前擴展到胸、腹，因此在疹子還沒出現時，還會誤以為是心絞痛、膽囊炎或腎結石引起的疼痛呢！

怎樣的人容易「中獎」？

年紀大、免疫力低、癌症患者或接受過化療的人，較易得到帶狀疱疹。我自認身體不錯，年紀也不太大，生活上也沒什麼壓力，很可能是因為之前接受過化療，免疫力降低才會得此病。

帶狀疱疹並不少見，五十歲以上的人，約每千人就有三位罹患此症；且發生率隨者年齡而增加，七十歲以上的人，每千位就有八位。人的一生中，約每十人就有兩位可能得到此病。

帶狀疱疹的治療，除了給予非類固醇的抗消炎藥物等止痛藥外，在皮膚疹出現的七十二小時內開始服用抗病毒藥物（如acyclovir）不僅可減少疼痛、降低皮膚疹嚴重性並縮小其範圍，且可減低疱疹後神經痛的發生率。只是此藥較貴，目前健保規定需是在三叉神經支配的額頭（怕併發角膜炎而導致失明）或腦炎、脊髓炎等特殊情況才給付，否則需自費。

美國於二〇〇六年通過帶狀疱疹疫苗，台灣也於二〇一三年上市，對六十歲以上的長者有百分之五十的預防效果。

確定診斷之後，才能對症治療

因為這次疱疹，讓我再次體會到人過中年，身體隨時會有狀況發生，需小心謹慎。而且讓我以身證明，在病情尚未明朗前，只能做症狀治療（如減少疼痛等），靜觀病程變化，確定診斷之後才能對症治療。

當然，一般民眾不需要像我這麼「沉得住氣」，還是要先就醫，並且耐心回診或追蹤，病情就會水落石出。

我不是突然變老，只是不染髮

有人問我為何不染髮，我反問：「為何要染？」我已超脫對年輕外表的重視，也不需要在職場上展現光鮮亮麗不顯老的形象，能擺脫染髮的麻煩是最好不過了。

為什麼要染髮？

日前和一位多年不見的朋友相約聚餐，在餐廳裡打了個照面，她卻沒認出滿頭灰髮的我，等我一開口，她才恍然大悟。這種表情我這一年來看多了，也就不以為怪。

想起三十多年前，我去看一位多年不見的朋友，差點認不出她來，望著她一頭白髮的剎那，我以為她病了，原來，她只是老了。

烏黑亮麗的頭髮向來是青春美麗，甚至健康的象徵。我三十多歲開始長出白髮，便開始染髮，一直到六十五歲才停止染髮，成為名副其實的銀髮族。這下子，看起來明顯比同年齡的人老了許多。

不免有人以惋惜的眼光問我：「為何不染髮？」

我反而問：「為什麼要染？」

我已超脫對年輕外表的重視，但不是從此邋遢，也不需要在職場上展現光鮮亮麗不顯老的形象，能擺脫染髮的麻煩是最好不過了。

其實，最不贊成我停止染髮的是每個月替我染髮的美髮師，因為他們總希望客人經過他們的巧手改造後，可以煥然一新啊！

也有不少人心有戚戚焉地說：「我如果不染，頭髮也是跟你一樣哩！」可見許多人的灰髮不如想像中的少，只是常被隱藏起來了。

五十歲的人，有兩成的頭髮已半白

有個流傳多年的「五十定律」：五十歲以上者，百分之五十的人有百分之五十的白髮。雖然一項二〇一二年的流行病學調查顯示此數字可能高估，研究顯示五十歲以上的人，頂多百分之二十三的人有百分之五十的白髮，但可見白髮還是很常見的。

一般而言，西方人約三十幾歲時開始出現白髮，東方人則晚些，將近四十歲才出現。男生一般由兩鬢，女生則大都由前面開始。我觀察到許多女生，雖然滿頭灰白，但兩鬢卻還是黑色，原來成語的「兩鬢斑白」以及唐詩的「鄉音無改鬢毛衰」主要是對男生的描述。

每根毛髮都有自己的生長週期

為什麼會產生白髮呢？主要是位於髮根毛囊中的黑色素減少或消失之故。人類頭髮的顏色，來自於毛囊底部的黑色素細胞所產生的黑色素，而黑色素細胞與毛髮的「生長週期」息息相關。

頭髮是由髮根的毛囊長出來的，其生長週期分為生長期、退化期和休止期，然後脫落。其中，生長期占了週期的百分之九十，毛囊底部的黑色素細胞只有在生長期時，才分泌黑色素。

毛髮的一個週期平均三．五年，而且只有在前十個循環週期時才分泌黑色素，因此，人類的頭髮在四十歲左右之前，大致可維持黑色。但少數的毛髮生長期可長達八年，所以有些人到了六、七十歲還滿頭青絲。

當黑色素分泌量隨著時間減少，毛髮便變為灰色；黑色素消失時，則頭髮轉白。

每根毛髮有自己的生長週期，起始點不同，因此變白的時間並不一致，讓髮

色黑白相間，有如鹽和胡椒混合的現象。我每次看到一頭全白的女士，銀光閃閃，在陽光下晶瑩透亮，就非常羨慕。總是想，要等到我的頭髮由斑駁變為發亮的銀白，可能還要好幾年吧！

家中有白髮者，其他成員出現白髮的機會較大

頭髮的老化主要是受基因控制，因此家中有白髮者，其他成員出現白髮的機會較大，但基因的作用方式，目前仍不清楚。

除了基因外，不少學者認為白髮還可能與氧化所產生的自由基有關。黑色素細胞製造黑色素的過程中，需經過一連串複雜的化學反應，尤其是酪胺酸酶的催化，因而產生自由基。如果此自由基沒有被體內的抗氧化酶所清除，則會反過來傷害黑色素細胞，減少黑色素，使頭髮轉白。

雖然坊間有些可讓白髮變黑的產品或食物，但療效並不確定或持久。治療也許可以由抗氧化著手，精神上的壓力、抽菸、過量的紫外線、身體的發炎反應等，都會降低抗氧化的能力。

因此，應盡量紓解精神壓力、不抽菸、做好防曬、生活起居正常以減少身體的發炎反應，以及多吃蔬果等，多少會有幫助。

壓力導致發炎，會加速白髮生成

嚴重的精神壓力，會不會讓白髮急遽竄出？

傳說中，憂患攻心的伍子胥一夜白髮過昭關。法國皇后瑪麗安東尼也在上斷頭台的前夕，一夜白髮，其真實性不得而知，但有人臆測，也許是瑪麗皇后沒戴假髮而露出其白髮本色之故。

精神上的壓力可能產生系統性或是局部性的發炎，發炎會驅使自由基的產生，進而加速白髮生成，但也不可能在一夜之間全白。另外，人憂傷焦慮時，常無心打扮，顯得憔悴，會突顯出原有的白髮，造成白髮一下滋生的假象。

白髮並不讓人減少風采

雖然白髮有各種原因，但主要還是自然老化。如果不是為了美觀或工作形象上的需要，白髮並不讓人減少風采。不但如此，一頭灰白頭髮上了公車、捷運，常有人讓位，還成為大大方方坐上博愛座的通行證。

只不過，有一次在捷運的車廂裡，只剩一個博愛座空位，上來一位看來很累的中學生客氣地請我由普通座移到博愛座，以便他可以坐下。忽然間，銀髮者的博愛座權利轉變為義務了。

失掉的味覺令人回味

隨著年紀增長，可能因味蕾逐漸減少而使得味覺不太靈敏，尤其以鹹和苦味的減退較明顯，所以老人家常覺得口味太淡，不好吃，千萬別誤以為他是故意挑剔。

味覺不正常，真惱人

多年前我因接受化療而導致味覺改變，遍嘗各種味覺障礙。如紅豆湯變得不太甜；滷蛋聞起來很香，但為何這麼難吃，毫無味道；綠茶怎麼喝起來像泥水。嘴巴裡一直覺得有點苦苦澀澀的，才知道味覺不正常有多惱人。

醫界一向對嗅覺及味覺不太重視，因為它們主要的作用是有關生活品質（如美食醇酒），與生命較無關。其實這兩種感覺對動物及早期的人類相當重要，例如聞到了某種天敵動物的味道，就要趕快逃跑；或是吃了野地上某種導致不舒服或差點危及生命的食物，以後就不敢再吃了。現今社會中，嗅覺喪失者最怕的是聞不到外洩的瓦斯，幸好這種機會不多。

甜、酸、苦、鹹與鮮

嗅覺與味覺雖然息息相關，但卻完全獨立。接受嗅覺的細胞在鼻腔黏膜，經由嗅覺神經傳到大腦的額葉。味覺的接受體則是味蕾，它存在於舌頭、口腔、咽喉以及食道的上三分之一。

味覺由味蕾的接受體，經由三條腦神經（顏面神經、舌咽神經、迷走神經）傳入腦部的腦幹，再上傳經視丘，到達大腦的額葉及島迴區。其神經纖維也投射到司管情緒的杏仁核以及與記憶有關的海馬迴，所以味覺和情緒及記憶有密切關係。

人類約有一萬個味蕾，每個味蕾約有五十到一百個接受體。接受體的生命力強，約每十到二十天即可再生一次。

味覺有甜、酸、苦、鹹四種。以前認為這四種味道在舌頭上並不是平均分布，比如舌尖對甜味較敏感，但後來發現，其實並無如此差別。

近來，更有第五種味覺「鮮味」（umami）加入，主要是針對麩胺酸

（glutamate）、味精、蛋白質等味道。

除了味蕾外，唾液對味覺也是很重要的，它有潤滑味蕾、擴散味覺的作用。

小小舌頭有著複雜的神經網

辣，其實是一種灼熱的疼痛感。它是舌頭的本體感覺（觸覺、溫度及疼痛感）的接受體，經三叉神經傳入腦幹、視丘及大腦。

我們小小的舌頭上布滿了複雜的神經網路：司管它前三分之二的味覺是顏面神經（第七對腦神經）；後三分之一的味覺是舌咽神經（第九對腦神經）；管它觸覺、疼痛及冷熱感的是三叉神經（第五對腦神經）；而讓它能運動、說話、咀嚼的是舌神經（第十二對腦神經）。

可見，舌頭的功能有多大。

雖然目前已有控制味覺的基因研究，以解釋個人之間的差異，但大部分人的口味喜好是後天學習來的，所以東西方、中國南北各省的食物口味才會有如此不同。而且，一個人的口味也可能隨著時間、環境及心情而轉變。比如小時候認為是天下最好吃的東西，長大後卻覺得只是還好而已。

味覺障礙的五大影響因素

味覺障礙可分為：一、無味覺（ageusia），即味覺喪失，較少見；二、味覺減低（hypogeusia）；三、味覺異常（dysgeusia），即味覺改變；四、不存在的味覺（phantogeusia），即覺得有味道，但實際上沒有。

感到味覺怪怪時，應考慮哪些可能性呢？範圍很大，大致可由五大方向著手：

一、藥物：第一步先檢查是否服用了會引起味覺障礙的藥物，因為如果是藥物造成的，停藥或改藥後，味覺會逐漸恢復。

根據日本東京一家醫院耳鼻喉科的報告，藥物引起的味覺障礙占其所有味覺障礙的四分之一，可見是很常見的。不少藥物可能會造成味覺不正常，如抗癌、某些抗癲癇及抗高血壓藥物（尤其是血管張力素轉化酵素抑制劑，ACEI）等。

藥物引發味覺障礙的原因目前不是很清楚，其作用機轉非常複雜，有人認為可能與鋅的缺乏有關。

二、局部因素：因為味蕾存於舌、咽喉、上食道等部，所以最常見的味覺障礙還是局部器官的毛病，如：口腔發炎或感染、牙科手術或假牙、食道胃酸逆流等。所以根據其症狀，應考慮看牙科、耳鼻喉科或腸胃科。

三、神經系統疾病：雖然味覺的神經網絡非常複雜，但神經系統疾病所引起的味覺障礙並不多。就算有，也常因其他的神經症狀（如癱瘓）較明顯或嚴重，使得味覺障礙被忽略。其中，最常見的是貝爾氏顏面神經麻痺所造成的味覺喪失，但也會隨著顏面神經的恢復而逐漸復元。

四、全身系統性疾病：也不常見。如營養不良、慢性腎或肝衰竭、維他命B_{12}缺乏、口乾症等。

五、年齡：隨著年紀的增加，可能因味蕾逐漸減少而使得味覺不太靈敏，尤其以鹹和苦味的減退較明顯。所以老人家常會覺得口味太淡，不好吃，有時會被誤以為是挑食或故意挑剔。除了平常注意舌頭及口腔的清潔外，也許可在老人家面前放一小盤的調味醬，如醬油等。

但是要注意，有糖尿病者不能放太多糖，有高血壓者也不能加太多鹽。

味覺改變的那段期間，當華燈初上，我常常進出天母西路的餐廳或逛石牌夜市的攤子，試著找出記憶中各種食物美好的味道。味道雖覺得不對勁，但我相信不久它們就會回來的。果然，如我所願，食物的美味都一一地回到了我的舌尖。

認真看待高血壓

高血壓是中老年人的常見疾病，且隨年齡的增長，發生率也會提高，需長期服用降血壓藥物。此外，高血壓在初期常沒有症狀，因而只能靠定期量血壓來偵測。

高血壓的偵測，只能靠定期量血壓

四十五歲的陳先生三年前發現有高血壓，但一直沒服用降血壓藥物。某日上班時，他突然頭痛，意識模糊，右手出現陣發性抽搐，立刻送醫。其血壓高達二二〇／一四〇毫米汞柱，腦部掃描發現左腦出血，且後側大腦、視丘、腦幹和小腦有瀰漫性水腫病變。經過積極控制血壓和腦水腫，病情進步後，陳先生出院，診斷為後側可逆性腦病變症候群，是因高血壓使腦血管的自主調控機制失常，血腦屏障瓦解，造成了腦水腫。

高血壓是中老年人的常見疾病，除了少數是因其他疾病（如腎動脈狹窄或嗜鉻細胞瘤）造成的次發性高血壓，其他大都是原發性高血壓，且隨年齡增長，發生率也會提高，需長期服用降血壓藥物。高血壓初期常沒有症狀，只能靠定期量血壓來偵測。

有人覺得自己血壓雖高，但因沒有不舒服的症狀，又擔心藥物副作用，而不肯服藥。然而，高血壓卻常以來勢洶洶的併發症表現，如腦中風（包括腦出血和缺血性腦中風）、冠狀動脈心臟病，還可能引發腎臟病變，更是失智症的危險因子之一。

當然，服用降血壓藥物並不一定能完全防止這些併發症發生，但卻可以大為降低機率，而且是舉手之勞。因此我每次聽到有人因高血壓不治療或控制不佳而發生併發症時，就不免痛心，像陳先生如果血壓控制得宜，也許不會發生腦出血及腦水腫，不但免去病痛，也可以減少醫療支出。

三、四十歲也可能有高血壓

記憶中最深刻的，是一位才三十多歲的男士出差時忘了帶降血壓藥物，幾天後因腦幹出血而去世，留下一家老小，令人不忍。

還有一位三十多歲的司機，有高血壓卻不曾服藥，在高速公路開車時突然左手、左腳無力，他立刻把車子停在路肩，乘客有驚無險。送醫後，發現右腦出血，雖然生命無礙，但不太靈活的手腳已經不能再當司機了。

一位四十歲的朋友認為，只要多運動就可以把血壓降下來，而不願服藥。有一次他在跑步機上跑步時，突然腦出血，幸好及時送醫，且出血部位不大，康復以後，他就按時服藥了。

飲食少油少鹽、不過重、多運動，這些雖能幫忙降血壓，但仍需定期追蹤血壓，如果血壓還高時，還得靠藥物幫忙。

血壓的控制，要有耐心和決心

當然，要把血壓控制好也不是那麼容易，醫師要從五大類降血壓藥物中，選擇一種合適的藥物，並調整劑量。

我在門診中曾遇過一位罹患高血壓的男士，開給他利尿劑，他覺得疲倦；換成乙型阻斷劑，令他性功能不佳；改服鈣離子阻斷劑，又造成腳腫。最後，才終於找到醫病雙方都滿意的藥。

根據文獻，初次服用降血壓藥物者，一年後約只有一半的人還繼續服用，可見這需要多大的耐心和決心。

世界衛生組織的二〇〇九年全球統計資料顯示，百分之五十一的中風和百分之四十五的心臟病，是因高血壓而起，且高血壓居死亡率的危險因子之冠（占百分之十三）！因此，我們必須落實以下方法，認真看待這項可控制的疾病：

一、知道自己的血壓值，就好像熟背自己的出生年月日和身分證號碼一樣。有高血壓的人，要天天量血壓；沒有高血壓的人，至少每年量一次。很多醫院、戶政事務所或法院等公家機關，都有免費的電子血壓計，在等候時就可以測量，很方便。

二、生活型態對控制高血壓很重要。低鹽、減重、少喝酒、不抽菸、多運動等健康的生活，有助於降血壓。但血壓仍高時，就必須服用降血壓藥物，千萬不要「鐵齒」，以為自己沒什麼症狀，堅持不服藥。

三、耐心地與醫師配合。關於降血壓藥物的選擇，要有耐心地與醫師配合，以找到一種適合自己的藥物。

四、不可自行停藥。血壓降到正常值時，不可自行停藥，應讓醫師決定是否可以減藥。

八招防癌，保健康

知名癌症中心的防癌八招為：不抽菸、維持健康的體重、規律運動、吃得健康、飲酒要適量、防曬、保護自己不受感染，並請教醫師，定期接受癌症篩檢。

癌症最好的治療是「預防」

三十年來，癌症一直蟬聯台灣十大死因之首，讓許多人聞癌色變。其實，對癌症最好的治療是「預防」。

除了少數已知的基因遺傳外，大部分癌症的病因仍不明確，然而近四十年來醫學文獻顯示，生活型態與癌症的發生率及死亡率有密切關係。有學者估計，如果避免以下這些不良生活習慣或危險因子，超過百分之五十的癌症是可以預防的：

菸草（百分之二十九）、肥胖（百分之二十）、病毒或其他感染（百分之八）、飲食（百分之五）、少活動（百分之五）、生殖因素（百分之五）、醫療處置（百分之五）、酒精（百分之四）、環境污染（百分之四）以及紫外線（百分之二）。

知名癌症中心的防癌八招

有鑑於此，美國聖路易華盛頓大學醫學院的賽門癌症中心（Siteman Cancer Center）的研究團隊，發表了一篇實用的「防癌八招」，刊登於二〇一二年四月的《癌症病因控制雜誌》，且提供實證數據以佐證。這八招的簡要介紹如下：

一、**不抽菸**：抽菸造成美國百分之三十的所有癌症，以及百分之九十的肺癌，而且和慢性阻塞性肺病、心臟病等疾病有關，所以，「不抽菸」是預防癌症最有效的方法。原本抽菸的人，在停止抽菸十到二十年後，其肺癌的發生率會降低到與不抽菸的人相當。

二、**維持健康的體重**：很少人知道「體重過重」也是癌症的危險因子之一。一項對二百二十一個前瞻性長期追蹤資料庫的統合分析，共有二十八萬二千一百三十七位癌症患者，在二十種癌症中，發現過重者，即身體質量指數（ＢＭＩ）≧三十，其乳癌、大腸癌、腎臟癌、胰臟癌、子宮內膜癌和食道癌的發生率較高。

而長達二十六年的「護士健康研究」，則發現停經後婦女減重≧十公斤且維持體重者，乳癌發生率減少了一半。

三、規律運動：規律運動可降低罹患乳癌和大腸癌的風險，建議每週五天，每天至少快速走路三十分鐘；或每週三天，每天激烈運動（如跑步二十分鐘）。

四、吃得健康：主要在於控制熱量、不增加體重。建議多吃蔬果和全穀類，少動物脂肪，每天服一顆多種維他命。

五、飲酒要適量：雖然喝適量的酒可降低心血管疾病的機率，卻會增加乳癌和大腸癌的風險，取捨兩難。因此，既不鼓勵不飲酒的人開始喝酒，也不必勸飲酒適量的人戒酒。

六、防曬：過度暴露於陽光會增加黑色素瘤的風險，因此，在熾熱陽光下要做好防曬的措施。

七、保護自己不受感染：至少有十種感染原與癌症有相關，例如：人類乳突病毒與子宮頸癌有關，B型肝炎與肝癌等，平常需注意有關的預防措施。

八、定期篩檢：請教醫師，定期接受癌症篩檢。

有人這八點都做到了，卻還是罹患癌症，因為這是觀察性研究所算出的機率大小，而不是絕對的因果關係，而且癌症還有其他未知的致病因素。

但如果做到這八點，至少可以減少百分之五十的罹癌機率及其他慢性病的機會。讓我們一起來朝這簡單易行的目標努力吧！

疼痛千萬不要忍

不愛看醫生，不喜歡吃藥，萬不得已不上醫院，這種態度替健保省了不少錢，然而，急性疼痛不管，可能變成慢性疼痛，影響生活品質！

急性疼痛不管，可能變成慢性疼痛

某次健行活動，一位朋友因右手臂不方便，無法把背包的肩帶掛上肩，而要我幫忙。

原來，她一星期前為了給家人編織一頂紙草帽，日夜趕工，除了必要的作息外，都不停歇地編織，而且用來編織的線很硬，因此需要使點勁。一天半後完工，朋友對草帽很滿意，但隔天起床，卻發現右上臂和右肩非常疼痛，痛到都不

敢動，貼了止痛藥布也無濟於事。

雖然生活上有點不方便，但因為不是什麼嚴重的毛病，所以朋友沒去看醫生，也沒吃止痛藥，相信讓右臂休息，慢慢就會好。

她說：「這種痛我還可以忍。」

不愛看醫生，不喜歡吃藥，萬不得已不上醫院，這種與常逛醫院的就醫態度成截然對比，替健保省了不少錢。然而，急性疼痛不管，可能變成慢性疼痛，影響生活品質，就像小病不就醫，也可能變成重病啊！

短期服用止痛藥，大致是安全的

急性疼痛很常見，如閃腰、扭筋、落枕、頭痛發作和提重物引起的痠痛等等，症狀輕者，休息、冰敷或揉按之後會自行緩解，因此可以忍耐；情況嚴重者，則需服用止痛藥，如乙醯胺酚（即普拿疼的主要成分）等止痛解熱劑，或藥效較強的非類固醇止痛消炎藥劑，效果良好。

一般人聽到吃止痛藥，就聯想到傷肝、傷腎或傷胃而擔心卻步。當然，止痛劑都有它的副作用，但主要是針對長期服用而言，短期服用大致是安全的。如果本來就有消化性潰瘍、腎功能不好或對某種藥物過敏者，則需先告知醫師，以便選擇合適的藥物。

但這套醫學常識並無法動搖朋友不就醫的想法，仍覺得疼痛如果可以忍受，就還是不吃藥比較好。

於是我接著說，近三十年來，醫界的疼痛專家對於「慢性疼痛」有新的觀念。「急性疼痛」如持續存在，可能引發中樞神經敏感化（central sensitization），進一步活化大腦司管疼痛感覺的區域，演變為慢性疼痛，那時就不像急性疼痛這麼直接地給予止痛藥就有治療效果了。而根據文獻報告，與中樞神經敏感化最為相關的疾病，有纖維肌疼痛、肌肉緊縮型頭痛、顳顎關節疾病及退化性關節炎等。

為何會感覺疼痛或冷熱？

人類的疼痛和冷熱感覺，由皮膚、肌肉、關節腔等處的末梢神經接收後，經由神經傳導進入脊髓的後角（屬於感覺神經元），在此與後角的神經細胞轉接之後，經由脊髓視丘神經路徑（spinothalamic tract）往上傳到視丘，再一次神經細胞轉接，最後傳到大腦的感覺皮質，人才會有疼痛或冷熱的感覺。

這個疼痛系統很重要，讓人類因感受到疼痛，才懂得要避開危險或發現身體哪裡出了問題。

慢性疼痛的成因

除了這個往上傳導的脊髓視丘路徑外，還有一個由大腦、下視丘及腦幹往下傳導到脊髓的神經路徑，在脊髓釋放出血清素及正腎上腺素，而能抑制疼痛的感覺。

當身體的疼痛刺激持續時，這個往下傳導的抑制疼痛神經路徑，會受到抑制而降低感受疼痛的閾值，也就是降低了會感覺到疼痛的門檻，使得疼痛的程度加強，可能把原來平常人只會感覺到的輕微疼痛刺激，變成大痛；時間久了，還可能對非疼痛的刺激（如觸感）也產生疼痛的感覺，這兩種現象都稱為「中樞神經敏感化」。

這種中樞神經敏感化所造成的慢性疼痛，在治療上就變得比較棘手，對一般止痛劑和非類固醇止痛消炎藥劑的反應不佳，目前是傾向採用雙重再回收抑制劑（serotonin-norepinephrine reuptake inhibitors, SNRI）藥物，以同時抑制血清素和腎上腺素的再吸收，因而增加兩者的濃度，希望達到緩解疼痛的效果。

每個人都要預防慢性疼痛

既然慢性疼痛的治療如此大費周章，當然，最好的方法是「預防」，也就是在急性疼痛時期就止痛。

痛多久才是慢性呢？一般以疼痛超過三個月為區分界線。幸好，不是所有的急性疼痛都會變成慢性，而產生中樞神經敏感化的現象，其實只是其中一小部分，但是我們目前無法預知哪些人會產生此現象，因此都要預防。

每個人對疼痛的感覺強度和忍受力差異很大，而且每個人對各種止痛藥的反應也不一，因此，疼痛的療效因人而異。

慢性疼痛的發生受到環境和基因的影響，約各占百分之五十。雖然有許多關於疼痛基因的探討，但大多數是基因的多型性相關研究，還不能應用在臨床上。

不過很確定的是，慢性疼痛不只是急性疼痛的時間拉長了，它還會影響工作、睡眠和生活品質，更可能造成中樞神經敏感化，而加重疼痛。

朋友終於聽了我的建議去就醫。醫生開了一種藥效較強的非類固醇止痛消炎藥，她服用兩次後疼痛即消失，高興地恢復了正常生活。

一次只做一件事

隨著年齡增加，人的認知功能會稍許減退，腦筋動得沒有從前快，思慮的轉換不若以往靈敏，因此不能再一心二用。最好是一次只做一件事情，全心專注。

年紀愈長，愈無法一心二用

有一次在餐廳櫃檯付錢時，看來五十多歲的會計正與前一位顧客聊天，把我的帳單接過去就隨手放在桌上。等她聊完，接過我的千元鈔票，卻找不到我的帳單，因為已經跟桌上一堆帳單混在一起了。我忙著幫她找時，她卻一手又接過下一位顧客的帳單。我提醒她，她手上剛放下去的一千元是我給她的，還是先幫我找錢吧。她一時急了，說：「看你把我搞得……」

其實這是她不專心，一心二用，甚至好幾用之故。

我相信這位會計有多年經驗，時常一心二用，得心應手。但年紀漸長，有時就不管用了，有些人甚至會懷疑自己的記憶力是否有問題。

原來一開始就沒記住

記憶的第一要素是「注意力」。要專心地聽、看，才能把訊息登錄在腦海中，接著儲存，需要時再把它叫出來，也就是回想。如果連第一步都沒做好，當然想不起來，因為一開始就沒記住嘛！

不可否認地，隨著年齡增加，人的認知功能（包括記憶）會稍許減退，尤其以思考速度最為明顯。也就是說，腦筋動得沒有從前快，思慮的轉換不若以往靈敏，因此不能再一心二用。最好是一次只做一件事情，全心專注，則事情可以處理得很順當，會比慌亂地同時處理許多事情更有效率。

改善記憶的第一步，由專心投入開始

影響注意力的因素不只是年齡，還與心情、身體狀況、環境等有關。

例如，心煩氣躁、憂鬱傷心、心不在焉或毫無興趣時，別人講什麼根本就沒聽進去。尤其是在極大壓力下，腦筋一片空白，更不可能記住。相反地，若是有強烈動機，如想得到好成績、業績或名譽等，則比較會專心而記得牢。

身體狀況差，如感冒發燒、各種病痛、睡眠不足等，會降低注意力。環境嘈雜、太冷或太熱，會讓訊息變得模糊，而無法清晰地呈現在腦海中。

因此，改善記憶力的第一步是在舒適的環境中，心平氣和或快快樂樂地專心聆聽、觀察。且可借助各種方式來提升注意力，例如，手機的號碼共有十個數字，把它分成三段來唸，0966-666-666，則易於複誦而利於記住。

年齡大了，記性不見得一定不好。曾有個大腦功能性磁振造影的研究，發現一群老年人的記憶與年輕人一樣好，是因為他們在記憶時，動用了比年輕人更多的腦細胞之故，也就是「勤能補拙」。

但是，第一步還是得由專心投入開始。

是用惱過度，非用腦過度

人老了，腦萎縮無可避免。人的記憶力在三十歲達到高峰，之後逐漸減退，但不至於影響工作或生活。

我們的大腦還有許多備用細胞

常有人問：「我最近記性很差，是不是頭殼用壞了？」

當然不是。

身體其他器官如膝蓋使用過度，可能會磨損，造成退化性關節炎，但大腦有可塑性，會愈用愈靈光。那麼，為何記不住或想不起來呢？那是因為心有牽絆，承受壓力，或是煩惱、焦慮、憂鬱等情緒問題，無法專心，是用「惱」過度，而非用「腦」過度。

人老了，腦萎縮無可避免。腦萎縮固然是因為少數神經細胞死亡，但大部分是因為腦細胞之間互相連結的突觸萎縮所造成的。人的記憶力在三十歲達到高峰，之後逐漸減退，但不至於影響工作或生活。

曾有學者對記憶力與年輕人同樣好的老年人，做腦部功能性磁振造影檢查，發現老年人在做記憶的工作時，所動用的腦組織範圍遠比年輕人大。而記憶較差的正常老年人，動用的腦組織範圍與年輕人相當，並沒有啟動較多的細胞來補充不足之處。這表示大腦有許多備用細胞，有潛力可開發，好比雙手多用點力就能舉重物一樣。

太久沒用，腦子會變鈍

近二、三十年的研究一再發現，大腦不僅如同肌肉和四肢，愈練愈壯、熟能生巧，而且是具有可塑性的，能隨著身體功能的需求而重新組織、改變其構造或功能。

一個對倫敦計程車司機腦部的正子攝影研究，發現腦部右側的海馬迴後半部的體積明顯比一般人大，且開計程車的資歷愈久，這部分體積愈大。這表示，計程車司機的右側海馬迴後半部為了貯存大量複雜的道路訊息，不斷地工作，容量就增加了。

另外，有學者對六位小提琴家做腦磁圖研究，發現因左手指需在提琴上敏捷地移動和觸感，所相對應的右腦，運動和感覺區域比非提琴手大，而且與練琴的年數成正比。

這兩個例子點出腦的可塑性，但可塑性是有競爭性的，即用進廢退，而且如果太久沒用，大腦的變化是會消退的。

心境放空，學習效果更佳

心有窒礙、煩惱、焦慮、憂鬱等，會讓人無法專心、注意力差，使得記憶根本沒在海馬迴登錄，當然記不住。

壓力也是個重要因素。急性壓力會讓身體產生腎上腺糖皮質素，此皮質素與記憶的關係呈現一個倒U字形，也就是說，太少或太多都對記性不好，適度上升則可以提高注意力和警覺性，有益記憶。

而如果長期處於慢性壓力狀態，可能造成海馬迴萎縮而影響記憶。

既然腦有可塑性，就讓我們放心的用吧！心境放空，學習效果會更佳。有些事如果一時想不起來，先放一旁，放鬆一下，常常它自己就會從腦海中冒出來哩！

更年期會讓記憶變差嗎？

約百分之六十的更年期婦女自覺記性不好，但除了更年期外，這些症狀也有可能是壓力、生活負擔、焦慮、憂鬱、身體狀況或年紀漸大等所引起的。

是更年期的影響嗎？

五十歲的陳女士，近半年來覺得記性明顯衰退，思緒也不若以前敏捷。例如，本來她是過目不忘，現在則要做備忘錄；原本事事都記在腦海裡，現在每天都要看行程表。有一次，她竟然把重要的約會給忘了！這讓她非常懊惱，很擔心是否為失智症的前兆。

雖然陳女士的工作或日常生活並沒受到影響，但她的家人也察覺到了她的記憶力不如從前。陳女士並不覺得有工作壓力或人際關係的困擾，也沒有憂鬱或焦慮的症狀。

她自費做體檢，包括腦部的磁振造影掃描等，結果都正常。她的字彙記憶測試表現優異，即請她記住十二項名詞，她第一次就記住了，十五分鐘後還能完全講出這十二項東西，表示她的記憶力遠比一般人好。

陳女士的情況並非失智症的前兆，但也找不出其他可能造成記憶減退的因素。進一步詢問，發現她這半年來經期不太規則，可能已進入更年期。那麼陳女士的記性不佳，是因為更年期的關係嗎？

更年期的四個階段

更年期又稱為「停經過渡期」，分為停經前、更年期早期、更年期晚期以及停經後這四個時期。

- **停經前：**這個時期，月經還很規則。
- **更年期早期：**月經開始不規則，但兩次月經相隔不超過三個月。
- **更年期晚期：**距上次月經相隔的時間超過了三個月，但少於十二個月。
- **停經後的時期：**指距離最後一次的月經已經超過十二個月了。

探討更年期婦女記憶力的三個研究

約百分之六十的更年期婦女自覺記性不好，例如想不起名字或號碼、忘了要做的事、不能專心，以及需做小抄等。但除了更年期外，這些症狀也有可能是壓力、生活負擔、焦慮、憂鬱、身體狀況或年紀漸大等所引起的。因此對於更年期的婦女，需要長期追蹤其認知功能，探測其記憶力是否變差。

有三個相關研究可參考。

第一個研究——芝加哥聖路克醫學中心：對八百零三位社區婦女進行研究，年紀在四十二到五十二歲之間，且正處於停經前或更年期。每年測試她們的認知功能，追蹤兩年，發現記憶和思考速度不但沒有變差，而且有少許進步。

第二個研究——台北榮總：追蹤金門社區的四百九十五位四十至五十四歲停經前婦女，十八個月後，一百一十四位進入更年期前期。經過統計分析，發現更年期並不影響婦女的認知功能，只有思緒流暢度稍差而已。

第三個研究——加州大學洛杉磯分校：對美國多個社區婦女的四年追蹤，共有二千三百六十二位四十二到五十二歲的婦女，不僅參與人數較多，歷時也較長，所得的結論與前兩者不同。

這二千三百六十二位婦女，分別處於停經前（百分之八）、更年期早期（百分之四十九）、更年期晚期（百分之十二）以及停經後（百分之三十一），因此，可探討每個更年期的時間長短，對每年認知功能變化的影響。

經過複雜的統計分析，發現停經前的婦女在思緒速度和記憶力的表現上，每年測試的分數均有進步，這些進步可能是因每年重複測試的練習效應。

處於更年期早期的婦女，雖然思緒速度每年也有進步，但記憶力測試則沒有逐年進步的現象；到了更年期晚期的婦女，則思緒速度和記憶力兩者，每年的測驗分數都沒有進步，表示缺乏學習的能力。但停經後的婦女，反而又出現思緒速度和記憶力測驗在每年追蹤時都有進步的現象。而且，如果在最後一次月經之前就先開始服用女性賀爾蒙者，記憶力的表現較沒有服用的人好，但如在停經後才使用則無益。

這個研究雖然顯示進入更年期的婦女，記憶和思緒速度可能會變差，但在停經後又進步，表示更年期對認知功能減退的影響是有時限的，在完全停經後，認知功能很可能又會好轉。

如何解決陳女士的記憶力煩惱？

那麼，陳女士該如何因應呢？

除了接受認知功能的定期追蹤外，雖然目前醫界對更年期時的記憶減退並沒有共識，但是，陳女士也許可以看婦產科醫師，考慮短期服用女性賀爾蒙是否能改善記憶。

另外，雖然並沒有明顯的工作和情緒壓力，還是要在可能的範圍內減輕工作，等進入停經後時期，說不定就會恢復原來的過目不忘了呢！

疼惜她，每晚為她倒一小杯紅酒

長久以來，醫界認為少量的酒對心血管有益，因為酒精可以增加血液中的高密度膽固醇，且能降低血中纖維蛋白的濃度，使得血液較不易凝固。

睡前的紅酒之約

六十歲的好友夫妻伉儷情深，近十年來，每晚睡前，做丈夫的都會為妻子倒一小杯紅酒，因為停經後的婦女已沒有雌激素對心血管的保護，而紅酒對心血管有好處，所以他覺得疼惜她，就要為她倒杯紅酒。

他問我，這樣做對不對？

的確，長久以來，醫界認為少量的酒對心血管有益，因為酒精可以增加血液中的高密度膽固醇，且能降低血中纖維蛋白的濃度，使得血液較不易凝固。

適量飲酒，有助降低疾病風險

一篇發表於二〇一一年的英國醫學雜誌的文章，對一九八〇年至二〇〇九年間的八十四個前瞻性流行病學研究，重新綜合分析，總研究人數超過兩百萬人，平均追蹤十一年。

結果發現，比起不喝酒的人，適量飲酒會降低以下這些疾病的風險：冠狀動脈疾病的發生率百分之二十九、死於心血管疾病的機率百分之二十五、所有疾病的死亡率百分之十三、缺血性腦中風的發生率百分之八；但出血性腦中風的發生率卻增加百分之十四，而死於腦中風的機率也增加了百分之六。

在這些研究中，所謂「適量的酒」是多少呢？男性每天不超過四份，一星期不多於十四份；女性每天不超過三份，而一星期不多於七份。

所謂「一份」，即是十二．五公克的酒精，相當於一瓶三百六十毫升的罐裝啤酒、一百五十毫升的葡萄酒，以及四十五毫升的白蘭地或烈酒。

豪飲可能導致「假日心臟症候群」

其實，酒精對人體不全是好處，它影響我們全身器官，包括大腦、腸胃、肝臟、胰臟和周邊神經等，例如，喝酒誤事、酒醉駕車、腸胃炎、胰臟炎、肝硬化、心肌病變和失智症等等。

不僅長期喝酒過量會成癮，很多人平常不喝酒的，但在節慶或社交場合，一時豪飲，也會造成傷害。

有位友人在聚會時高興得一杯又一杯，忽然，他覺得心悸、頭昏，很不舒服，立刻送醫——原本沒有心臟病的他，心電圖出現了心房顫動的現象，這是所謂的「假日心臟症候群」。

不過，假日心臟症候群並不一定發生在假日，主要是假日時許多人常會豪飲的緣故。

心律不整的真正原因不明，可能是酒精干擾了心臟傳導系統之故。在醫院觀察幾個小時後，若是心律恢復正常，則以後不要喝酒即可。但如果心房顫動持續，則需進一步治療。

體貼和深情遠超過紅酒

酒是兩面刃，需小心對待。美國國家酒精濫用研究機構建議安全的飲酒量是：六十五歲以下的男性，每天兩份（相當葡萄酒三百毫升）；女性和六十五歲以上的人，則每天一份。

但是以下情況的人不要喝酒：小於二十歲的人，懷孕女性，從事需高度警覺的工作，罹患某些不適於喝酒的疾病，服用某些會與酒精交互作用的藥物，以及對酒精過敏者。

因此，我該如何回答好友的問題呢？他的太太沒有任何不宜喝酒的情況，而且每天一小杯少於一百五十毫升的紅酒，應該是安全的。

至於好處呢，其實好友的體貼和深情，恐怕遠超過紅酒吧！

Chapter 3

真關懷！盡心陪伴長者走一程

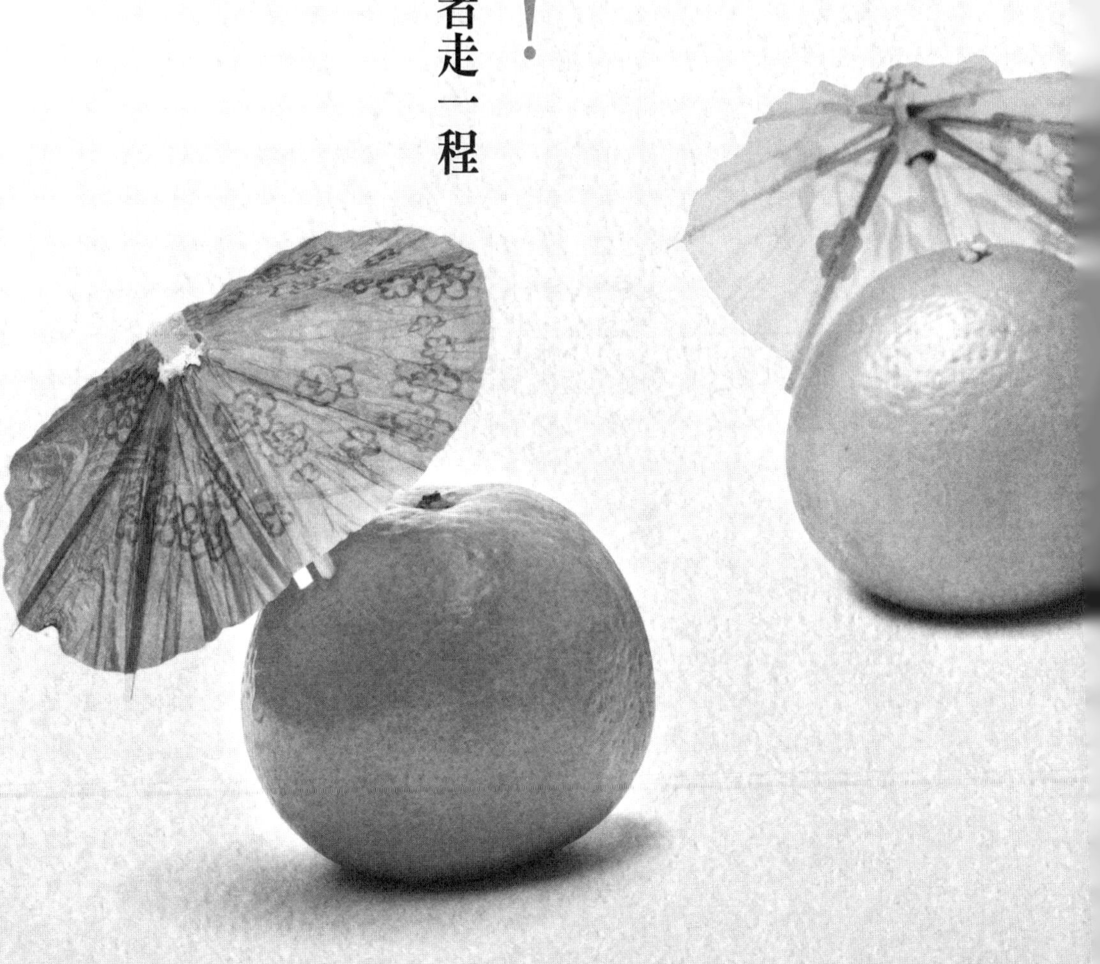

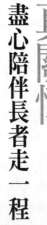

有人說，五、六十歲的這世代是「孝順父母的最後一代，也是孝順子女的第一代」。

話說是一種讚美，但事實上，其中更包含了責任、感傷和無奈。照顧父母，在看著長輩衰老、疾病到最後的無法獨立生活的過程中，由隱隱約約到逐漸清晰地看到自己的將來，未嘗不是一堂老化的見習課程，而從見習、實習到自己實際步入老年，因為了解且早有所備，會走得從容自在。

也因為有了切身照顧父母的經驗，懂得照顧者的辛苦，為了自身的生活品質，也為了不使自己過早就成為子女的負擔，趁著尚未年老時，把身體和大腦鍛鍊好，各種慢性病控制好，並且擁有自己的朋友、興趣和生活圈，獨立自主，將病痛盡量延後，讓子女可以在職場盡情發揮，無後顧之憂，也就是送給子女最好的禮物了。

當父母變老

人老了，不見得就一無是處，因為老化不能與衰弱畫上等號，老化的大腦仍有可塑性，縱使大腦已有某些病變，仍可用後天的訓練和環境來增加其知能存款。

與年老的雙親多相處

我與好友們每週的陽明山之行最近停擺了一陣子，原因是同行的夥伴需要照顧生病的婆婆或是住院中的媽媽。

後中年的我們相聚時，因兒女都已長大，談論的話題反而是父母長輩等的病痛和就醫經驗，甚至是自己的一些退化徵兆。一位朋友就很感慨表示自己小時候為父母念書，中年為兒女打拚，到了後中年可以喘口氣時，卻又要忙著帶父母看病了。

我們這一代大都有幾個兄弟姊妹，父母年老時，可以分擔照顧的責任。但即使如此，重擔往往是落在沒有結婚的那位女兒或是留在台灣的那位子女。

家家有本難念的經，家家也有各自的溫暖。有位朋友婚後選擇與獨居的九十歲母親住在同一棟大樓，以便就近照顧，最近擔心母親夜間起床上洗手間會跌倒，晚上乾脆與母親同住，母親起得早，和母親吃過早餐後，她再回到自己的家，開車送先生上班。她定居國外的妹妹也會把工作的休假集中留著，以回來台灣探親，每年回來兩、三趟，讓她可以喘息。

最近幾年，我發現有不少定居國外的後中年兒女，在退休後，甚或是把工作結束，專程回台照顧生病的雙親，或只是單純的陪伴，希望與年老的雙親多多相處，都讓我很感動。

人老了，並非一無是處

變老是人生必經之路，隨之而來的是各種慢性病，如退化性關節炎、骨質疏鬆症、攝護腺肥大、糖尿病、高血壓、心血管疾病、慢性阻塞性肺病和腦神經系統疾病等。其中，最折磨人的是神經系統疾病的中風和失智症。除了就醫治療外，也要學會與疾病長期和平相處，盡量營造生活品質。

然而，人老了，不見得就一無是處。有幾個原因：

一、**老化並不等於疾病**：例如，年齡雖然是失智症的主要危險因子，但六十五歲以上的老人，約只有百分之五會得到失智症。

二、**老化不能與衰弱畫上等號**：每個人老化的器官、程度和速度均不同，也就是說，人的生理年齡和實際年齡不見得吻合，也因此讓我們對成功的老化有所期待。

三、**老化的大腦仍有可塑性**：有些老年人的短期記憶與年輕人一樣好，經大腦功能性磁振造影檢查，發現是因為老年人動用了較多的神經細胞來維持記憶力。又有些人在中風後癱瘓的肢體和失語症，在復健後明顯進步，乃是其大腦網絡重整，動用了沒受傷的腦細胞來發揮代償功能。

四、**縱使大腦已有某些病變，仍可用後天的訓練和環境來增加其知能存款**：例如美國的「修女研究」發現，有些年長的修女生前並無失智症狀，但去世後的大腦解剖卻出現明顯的阿茲海默症病變，乃是其生前不斷動腦、用手，且維持社交網絡之故。

父母健康是兒女的福氣

如果雙親年老而健康，那是兒女的福氣，唯有感恩惜福。如果父母有病，則盡心照顧，責無旁貸，雖然辛苦，但可看到自己的未來，因為對父母的疾病有充分了解，如果將來自己得到同樣的病，將可以不慌不忙地因應，甚至悟出預防之道。

幸好，很多慢性病只有三成與遺傳或體質有關，七成受到環境和生活習慣的影響。例如瑞典的「雙胞胎研究」，發現在六十五歲以前，高血壓的遺傳因素占了六成二，但六十五歲之後就只剩一成二了。

因此，把父母照顧好，並為自己打造一個健康的老年，也就是送給自己兒女最大的幸福。

父母給兒女最好的禮物

父母健康，中年兒女就可以放心地衝刺事業，或營造親情關係，享受生活。而中年兒女從現在開始就照顧好身體，這就是將來給子女最好的禮物。

失智症病患易有併發症

退休前，曾有一回出國開會十天，回來上班時，發現辦公桌上留了好幾張字條，例如：「您的失智病人某某先生因肺炎住在第幾病房」、「您的失智症病人某某女士大腿骨折住院開刀，家屬希望您有空去看看」等等，感覺上，怎麼我的病人情況都轉壞了？

失智症病患不會照顧自己，易有併發症，最常見的就是感染，尤以肺炎及尿道感染最為常見。

如果本來就行動不便，又再加上服用安眠鎮靜劑或抗精神藥物時，變得精神恍惚，更易跌倒，輕則鼻青臉腫，重則股骨骨折或腰椎壓迫性骨折。

病人的這些併發症，平常上班時本來不定時就會出現，但都可以立即處理。那次因出國，總集十天內陸續發生的併發症同時呈現，讓我感觸很多。幸好，有本科及其他科的醫師同事代為妥善照顧處理，所以即使我不在，病人也都得到了適時的照護與治療。

令人哭笑不得的誤會

其實，失智症病患常常出現各種不同的疾病和問題，需要具有各專長的醫療團隊做全人照顧。不僅如此，失智症患者有了併發症後，比一般老年人更難照顧。

一位老太太跌得眼圈烏黑腫脹，她卻一口咬定是醫師把她開雙眼皮開壞了，讓家人哭笑不得。

另有位老太太股骨骨折開刀順利，但她馬上忘掉了「開刀」這回事，立刻要下床，甚至拳打腳踢，把剛開好的股骨踢得脫臼，骨科醫師只好再處理。加上老太太在住院期間有幻覺、躁動加重，會大呼小叫，需藥物處理。這一來，住院天

數拉長，也造成醫院經營上的兩難，因為無法達到健保局要求的以臨床路徑達到「論病例計酬」（case payment）的標準。

有位失智的老先生因肺炎住院，堅持不肯做早上的例行抽血檢查，再三勸說也沒用，他還大叫：「你們這裡是什麼地方？吃人血的嗎？」我們只好一大早把他兒子由家中請來，好說歹說，連哄帶騙，他才肯接受抽血檢查。他這位中年獨子最近才剛由美國請了長假，專程回來照顧雙親，因為失智父親肺炎住院，母親癌症開刀後正在做化療。平時父母由一位女兒關照，但女兒有自己的家庭，早已分身乏術，只好請兒子回來，兒子也疲於奔命。

中年兒女蠟燭兩頭燒

現今的社會，中年兒女既要照顧自己的小家庭，又要兼顧年邁父母，處理老人家隨時可能出現的狀況，這種蠟燭兩頭燒的情形並不少見。

有位朋友的高齡母親患有失智症合併憂鬱症，常常一大早就打電話給已婚的女兒，訴說身體的疼痛，並且說自己可能快走了，讓女兒要放下手邊的一切，趕去安慰母親。後來，老人家終於服用抗憂鬱藥物後，情況才有所改善。

我不禁感慨：「父母親健康，是給中年兒女最好的禮物。」

父母健康，身為中年兒女的可以放心地衝刺事業，或營造親情關係，享受生活。想到我父、母親罹患失智症時都已是八、九十歲的高齡，我就很感恩，因為我們做子女的不是已退休，就是工作穩定，因而有足夠的時間、人力和經濟基礎來照顧雙親，不至於焦頭爛額。

同理，中年兒女從現在開始就請將自己的身體照顧好，並且平常養成多動腦、多運動等的健康習慣，預防或延緩失智的發生，這也就是將來給子女最好的禮物。

孝順是美德，也是責任

親情不是單行道，恩情要回報，責任要擔起。縱使父母的經濟財力可以自足，但老了，身不由己，隨時會出狀況，且老友凋零，心情落寞，很需要子女的陪伴。

年邁的雙親由誰照顧？

九十歲的獨居老太太，罹患多種慢性病，行動不便，平常由外籍幫傭照顧。

老太太育有一兒一女，兒子大學畢業後，出國留學、就業並定居，很少回台。六十歲的女兒在台灣成家立業，住家離老太太約半小時車程，幾乎天天去探望母親，並打點所有事宜，也歡喜甘願。

老太太近年來思念兒子，叨唸著兒子都退休了，為什麼還不回來看她？她覺得虛弱無力，擔心兒子再不回來，可能會見不到她了！可是當兒子打電話回來時，老太太卻不跟兒子提起這個心思，反而是要女兒轉達。最近女兒需要出國一週，請兒子暫時回來，可是兒子卻總有事情牽絆而無暇回台，女兒很煩惱，她能放心出國嗎？

這例子聽起來很熟悉，正是目前台灣很多家庭遇到的難題：「年邁的雙親由誰照顧？如何照顧？為什麼受寵的是兒子，但父母卻常是女兒在照顧？住在國外的子女是否也該分擔責任？」

當手足不在身邊

當然，每家的情況不同，也有不少孝順的兒女以及兄友弟恭的手足情。

例如，有位七十多歲的朋友小腦出血導致昏迷，經手術後甦醒但行動不便，她的兒子辭掉工作，專心陪伴母親做復健。一位醫生的父親重病，他把診所暫停，積極幫忙照護父親，後來父親雖然往生，但至少他心中無憾。

有對六十多歲的退休夫妻照顧重度失智的母親，三年不敢出國，直到母親往生，才心無罣礙地出國旅遊，做到了「父母在，不遠遊」。

一位住在美國的好友把每年的工作休假留著，回來台灣與八十多歲的母親作伴，好讓平常照顧母親的大姊也能喘息一下。

定居國外的子女當初出國時，父母還勇健，為了讓子女專心在國外打拚，常報喜不報憂，有事也是留在台灣的子女就近處理，日子久了，會讓國外的子女覺得父母好像都沒什麼問題，自己不用負擔責任，甚至產生疏離感。

但也另有一些國外的子女，對生病的雙親會產生焦慮，甚至罪惡感，而不斷打電話指揮台灣的家人，讓照顧的人忙得團團轉，等他們自己回來照顧幾天，才知道照顧的辛苦。

恩情要回報，責任要擔起

台灣有句諺語：「父母疼子長流水，無時停；子想父母樹尾風，有時陣。」父母與子女的愛和付出真是不成比例。

很多父母愛子心切，常說：「我將來不指望你們回報，也不會成為你們的負擔。」有些孩子還信以為真。其實親情不是單行道，恩情要回報，責任要擔起。縱使父母的經濟財力可以自足，但老了，身不由己，隨時會出狀況，且老友凋零，心情落寞，很需要子女的陪伴。

《桃姐》這部電影裡，幫傭六十年的桃姐腦中風，被她帶大的單身中年男子只好把她送進安養院，但他不僅負擔費用，且常去探望陪伴，溫馨自然。看了這電影，不禁令人感慨：對照顧自己的人都懂得回饋了，何況是雙親呢？

孝容易，順從難？

傳統的孝道是不變的，時代環境的變遷，讓我們對父母的順從有不同的詮釋和因應之道，但只要把道理和邏輯都放一邊，既孝且順，也許並沒有那麼困難。

孝與順如何兼得？

前陣子，一位看著朋友從小長大的八十多歲長輩病重住院，叮囑兒子不要驚動親友去探病，等他往生後再通知大家。兒子心中掙扎半天，還是通知了朋友，而在朋友探視長輩後隔天，長輩就往生了。

朋友感慨，探望長輩雖然讓他免於遺憾，但如果能在長輩生前身體狀況還不

錯時造訪，雙方都能享受相聚的時刻，豈不更好。

朋友感謝長輩的兒子通知他去探望，但也了解作為兒子的兩難，不知長輩只是純粹地不想驚動親友，但其實很想見大家最後一面；還是真的病重得太累了，一切人事都不重要了。作為兒子，只能由父親的個性和當時情境去揣摩父親的心意了。

朋友回想，他父親往生前三個月的某個星期天，他特地開車帶父親去父親最喜愛的一家牛肉麵店，但到了之後，父親卻不想下車。當朋友的太太進去店裡把牛肉麵打包時，父親在車裡告訴朋友，他實在是太累了，什麼都沒有興趣，也沒有胃口，只想回家休息。

朋友恍然大悟，原來父親為了成全他們的孝敬心意，努力地配合演出。他只注意到自己要盡孝道，卻忽略而沒有順從父親的心意，看來，順比孝還難呢！

擺臉色，最傷父母心

孔子因材施教，子夏問孝，孔子說：「色難。」

的確，儘管孝順，但偶爾心浮氣躁或理直氣壯時，禁不住會對父母大小聲或臉色不好看，最是傷父母心。

當父母年紀大了，記憶不如從前，老是談過去事，孩子們互看一眼「又來了」的眼神，或是一句：「媽，你說過好幾次了！」想必讓父母也不太好受。這些，就是孔子所說的「色難」了。

最美麗的邀請

如今，全球老化如全球暖化般地蔓延，中年兒女或六十多歲的兒女，對於高齡父母的孝順之道也面臨了新的課題。

父母都是疼愛兒女的，都不願成為兒女的負擔，因此都會盡量獨立，不與兒女居住或是與外傭同住。

但是，當父母年齡漸高或疾病纏身而恐怕無法照顧自己時，就需要與兒女同住，以便就近照顧，只是有時開不了口。

二〇一一年八月《美國醫學雜誌》的一篇文章，提到一對老夫婦，八十九歲的先生有輕度失智，八十六歲的太太有糖尿病，生活逐漸出現問題時，遠住在別州的女兒請兩老去同住，他們欣然接受，老太太並說：「這是個美麗的邀請。」（It was a beautiful invitation.）可見無論中外，都有急迫的老年照護問題。

兒女與父母的角色互換了

我們從小就被教導要孝順，要聽父母的話，長大後要懂得反哺回饋，相信我們也大多做到了。不過，當老人家因阿茲海默症而心智逐漸退化，需要照顧的層次愈來愈高，漸漸地，父母和兒女的角色也跟著互換了，此時雖然對父母仍孝敬，但不見得對罹病的父母要完全順從。

例如，失智的母親半夜起來要煮飯，需用好言相勸或轉移注意力等，讓老人家能接受的方法來勸解。

又如，憂鬱的母親在電話中懇求女兒去請醫師，開給她可以吃了長眠不起的藥，女兒當然不能順從，也只有盡量抽出時間陪母親散心、聊天了。

傳統的孝道是不變的，時代環境的變遷，讓我們對父母的順從有不同的詮釋和因應之道，但只要把道理和邏輯都放一邊，既孝且順，也許並沒有那麼困難。

老年人並不是都一樣

年齡不能代表一切。每位老人家都是一個獨立的個體，必須個別看待，而不能用「老人都是一樣的」一言以蔽之。

關於老年病痛的誤解

幾年前，美國紐約西奈山醫學院的哈里森．布倫醫師（Harrison G. Bloom）在台灣老年醫學年會演講，提出了一般醫師對老年醫學看法的多項迷思，也就是診治老年人病痛時常遭遇到的陷阱，例如，以為老人家睡不好、這兒疼那裡痛是自然現象等。

布倫醫師的論點很有道理，也可以作為一般民眾的參考，其中有三點是我特別贊同的：

一、**以為老年人都是一樣的，誤把實足年齡當作生理年齡。**就像一樣米養百樣人，每位老人家也都不一樣。

當到了花甲之年，參加小學同學會時，更能深深體會年齡對每個人的影響有多麼不同。有些同學，你一眼就可叫出他的名字，歲月好像只是從他身上輕輕略過；有些人則經過歲月的刻痕，很難把他與十二歲時的容顏、體態相重疊。有些人慢性病上身，看來脆弱；有些人生龍活虎，精神奕奕。

我認識一位七十四歲的女士（叫「老太太」對她好像有點過分），每天早上四點多起床，先到住家附近爬山，再做完家事，便騎摩托車上班，去照顧一位九十五歲的阿嬤。這位女士腰桿挺直，動作俐落，反應靈敏，只有血壓多年來一直有點高，原本以為沒症狀而不吃藥，最近才開始服用抗高血壓藥物。

因此，年齡不能代表一切。每位老人家都是一個獨立的個體，必須個別看待，而不能用「老人都是一樣的」一言以蔽之。

二、**沒察覺到有些老人家的疾病表現可能不典型。**有些老人家心肌梗塞發作時，可能沒有出現典型的胸痛、噁心等症狀，而是以突發性頭暈、跌倒來呈現。

又如，得了肺炎也可能沒發燒，只是看來很虛弱。

一位醫師好友的九十七歲母親因嘔吐、便祕而住院，經過多日的檢查與觀察，才診斷出是胰臟炎，這也是因為老人家的急性胰臟炎有時沒有腹痛的現象，而只是出現胃口不佳等一般尋常症狀。

所以當老年人出現各種症狀時，對其可能罹患的疾病要考慮得更周全，也就是說，疾病的鑑別診斷要寬廣。

三、專注於疾病是否能治癒，而不是處理目前無法治癒的慢性病，如高血壓、糖尿病、慢性阻塞性肺病等。無論醫生或老年病患，都要學會「與慢性病共處」，以提高生活品質。

把老年人照顧好，才是進步的指標

老年科醫師不僅要有一般醫學知識，更要放寬思維、累積經驗，最主要的還是要有耐心與充裕的看診時間。

台灣每十位人口中，就有一位是六十五歲以上的老人，因此，「把老年人照顧好」才是我們社會文明進步的指標。

小病不斷，大病比較不易得

正值壯年的人突然走了，親屬的傷痛久難釋懷；有些人長年病痛，反而能享高壽，這種現象除了讓人感嘆世事難料外，也可能是因我們身體「預調適」的作用。

九十歲離世是福氣

一位中風多次的老太太，每個月由先生攙扶著來看門診，有一次卻是兒子陪著。我問他：「您父親呢？」他說父親在上星期晚上看電視時，突然頭一低就去世了，搶救都來不及。診間一下子沉寂下來。

我又問：「他年紀多大了？」

他說：「九十歲。」

立刻引起一片羨慕聲：「這樣子走真有福氣！」老先生的身體一向硬朗，沒病沒痛，一手擔起照顧老妻的責任，沒想到他如此高壽，走得如此快速，真令人稱羨。

若是正值壯年的人突然走了，親屬的傷痛就久難釋懷；而有些人長年病痛，反而能享高壽。這種現象除了讓人感嘆世事難料外，其實在醫學上是有些道理的。

身體有「預調適」的保護作用

早在近三十年前，就有學者發現：把狗的冠狀動脈血流先短暫地阻塞幾次，則後續長達四十分鐘的血流阻塞所造成的心肌梗塞面積，會明顯縮小許多，可見先前短暫的缺血，心肌會逐漸適應，以致較能容忍往後長時間缺血，因而減少傷害。

這種作用，被稱為缺血的「預調適」（ischemic preconditioning）。

這種現象後來陸續被發現在其他動物及人的心臟上，甚至其他器官如腸、肝、腎、腦及肌肉等也會如此。並且，不僅缺血可誘發「預調適」，缺氧及氧化物等也能引出這種現象。

「預調適」可遇不可求

這種缺血的「預調適」，在臨床上也有跡可循，暫時性腦缺血就是一個例子。

暫時性腦缺血是因供應腦部某條血管的短暫阻塞，所造成的神經局部症狀，例如突然的一側肢體無力等，通常是幾小時內恢復（不超過二十四小時）。約有三分之一的患者以後會發生腦梗塞（缺血性腦中風），所以暫時性腦缺血是中風的前兆之一。

《中風》（*Stroke*）雜誌曾刊登來自德國的一篇論文，作者回顧其醫院的一百四十八位腦梗塞（缺血性腦中風）患者中，三十七位曾發生過暫時性腦缺血，這三十七位患者不僅在一開始的中風症狀即較輕微，且一年後的恢復情況也較好。這是否意味著，先讓大腦適應了缺血，後來的血管阻塞所造成的傷害才沒有那麼大，是因為有了缺血的「預調適」之故？

當然，這只是一種臨床上的觀察，並不是所有曾經有過暫時性腦缺血者，發生中風後的症狀一定較輕、也恢復較好，而且也不是所有醫師都同意這個論點。

這種「預調適」，是我們體內自身的適應和保護作用，但可遇不可求。其作用機轉複雜，目前的研究還不很清楚。

一般認為，與細胞內傳達各種信號訊息有關的酵素及蛋白質等有密切關係。

如果能夠充分掌握「預調適」的作用機轉，而找到一種促進「預調適」的安全藥物，也許對心肌梗塞或腦中風的預防及治療，會有更大的助益。

小打擊不斷，使人百鍊成鋼

這些實驗室的證據及臨床現象都讓我聯想到：人生不也一樣嗎？有些小孩子從小在學校名列前茅，非常優秀，在父母、親友的稱讚與呵護下成長，可是只因為某次成績表現差，信心一下子就崩潰了。有些人大半輩子一帆風順，卻是一次挫折則一蹶不振。

但是，也有人在成長過程中，窮困災厄等各種打擊不斷，培養出強韌的抗壓力，而百鍊成鋼。

所以生活當中有時來點小挫折，不見得是壞事呢！

老人家的三個D，千萬要小心

年紀大了，許多症狀都不能掉以輕心，因為一個症狀和處置方式，有時會導致另一個問題，如滾雪球一般。

老太太到底怎麼了？

九十二歲的陳老太太與兒孫同住，生活起居一向自理，對自己的銀行帳戶也一清二楚。半年多前，晚上起來小解，因燈光昏暗，跌了一跤。

到醫院掛急診，X光檢查沒發現骨折，但她從此下背部疼痛難忍。雖然服用止痛劑，但藥效不佳，老太太常痛得無法下床，生活大受影響，因而出現憂鬱症狀，胃口不佳，晚上難以入睡，還開始交代兒子有關金錢及銀行之事。

因為怕下床如廁不方便，她也不敢吃喝，身體變得虛脫。醫生開了安眠藥，老太太服用幾天後，逐漸嗜睡，而且記性變差，會否認剛說過的話、分不清事情發生的前後次序、易怒，還懷疑家人騙她、不給她東西吃，甚至出現視幻覺，說餐桌上有成群結隊的螞蟻，讓家人擔心老太太是否得了失智症。

後來，家人讓她停用了安眠藥，請醫師開立藥效較強的止痛藥，加上孫兒從美國回來探望，家人關心呵護、勸進飲食，幾個月後，老太太逐漸恢復正常，才讓家人都鬆了一口氣。

這個例子，顯示出老年人常見的三個D：Dementia（失智）、Depression（憂鬱）、Delirium（譫妄），以及其間錯綜複雜的關係。

失智、憂鬱和譫妄

一、Dementia（失智）：失智症是記憶和其他認知功能減退，症狀在幾個月或幾年內慢慢發生，逐漸嚴重。造成失智症的疾病主要是退化性的阿茲海默症，其次是血管性失智症，以及其他疾病等。

二、Depression（憂鬱）：憂鬱症是情感性障礙，造成情緒低落、對事物失

去興趣、覺得自己無存在的價值、食欲減退、睡眠不佳等。由於也會出現思緒緩慢、無法專心而造成記性不佳，因此憂鬱被稱為是「假性失智」。

三、Delirium（譫妄）：譫妄是急性精神混亂，通常在幾小時或幾天內變得神智不清、注意力不集中，而導致記性差、人地時混淆、躁動不安，出現視幻覺和妄想等，且症狀時好時壞。年老、失智症、睡眠不足和脫水等狀況，都會使人具有譫妄傾向；而眾多譫妄的誘發因子中，主要是感染和藥物。

譫妄和失智可以並存，因此當處於譫妄時，必須等譫妄消失後，才能判定是否有失智。

長者的任何症狀都不能掉以輕心

失智症、憂鬱症和譫妄的病因與治療不同，需做「鑑別診斷」，也就是說診斷失智症時，必須先排除憂鬱症和譫妄的可能性。

陳老太太因身體疼痛和生活上的不方便而導致憂鬱。高齡與食欲不振造成脫水，本來就是譫妄的危險因子，又因服用安眠藥而誘發譫妄。經過生活和藥物上的調整，憂鬱和譫妄的症狀逐漸消失了，老太太慢慢恢復正常，並沒有失智症。

這個例子讓我們有以下省思：

一、年紀大了，許多症狀都不能掉以輕心，因為一個症狀和處置方式，有時會導致另一個問題，如滾雪球一般。

二、老年人的症狀有時不太典型，不易診斷，需耐心地抽絲剝繭，一一解決。

三、雖然年紀大是失智症的危險因子，九十歲以上的老年人約百分之五十有失智症，但這也表示，還有一半的老人家是沒有失智的。

那些說不出口的疼痛

老人家都不說，我們做晚輩的怎麼知道？那就只有察言觀色，並主動詢問了，對於失智長輩更是要如此。

長者的尊嚴

一位八十八歲的老先生因發高燒和全身無力，被女兒送到急診室，但是由於找不到發燒根源，以「不明熱」住院。看護替老先生擦澡時，赫然發現其肛門處的臀部有一大塊紅腫，軟而溫熱，原來是其肛門廔管嚴重感染，形成膿瘍，終於找到了感染源頭，可以對症治療。

臀部膿瘍應該是很疼痛的，但心智正常的老先生怎麼不說呢？

原因之一是病兆靠近私處，不好意思告訴晚輩。就像曾有位老太太乳房出現腫塊卻不好意思告訴家人，直到腫塊潰瘍流膿了才被發現。

但更主要的原因是不想麻煩家人，除了疼惜晚輩為生活奔波忙碌，也希望維持自己的尊嚴，不想成為家人的負擔。

然而，有小病痛不處理，等到變得嚴重而不得不就醫，甚至出現併發症，反而更加困擾。

察言觀色，主動詢問

「老人家都不說，我們做晚輩的怎麼知道？」那就只有察言觀色，並主動詢問了，對於失智長輩更是要如此。

失智長者有病痛時不是不說，而是無法正確表達或忘了要說什麼，因此病痛常常沒被及早發現。

有位八十多歲的失智長者躺在床上不肯下床，家人以為年紀大了，老人家又有關節炎，可能是關節痛需要休息；隔了幾天後，才發現原來是髖關節骨折，趕緊就醫。

老人家本來就容易跌倒而造成骨折，而阿茲海默型失智症患者發生髖關節骨折的機率，又是一般老年人的二至三倍。但醫學文獻發現，失智症患者的疼痛常沒受到應有的關注或被低估，因而較少得到治療。

有些學者推測，阿茲海默症患者管控疼痛的大腦區，可能隨著大腦司管認知功能區的退化而退化，所以對疼痛的感覺較不敏感，較能忍受疼痛。

然而，《大腦》期刊上一篇來自墨爾本大學的研究，卻有不同的看法。十四位還可語言表達的阿茲海默症患者，平均七十九歲，在承受對其右大拇指壓痛的同時，接受腦部功能性磁振造影檢查。並且有十五位年齡和性別與阿茲海默症患者相配對的正常人，接受同樣的測試。

結果發現，這兩組的大腦活化區域（包括司管疼痛的感覺區，和管控情緒反應的扣帶迴）並無不同，顯示阿茲海默症患者對疼痛的感覺並沒有降低。

關於疼痛的六項觀察

腦退化了，對疼痛依然敏銳，但疼痛看不見，對於溝通有困難的失智長者要如何評估呢？建議可以參考美國老年醫學會所提出的，對重度失智患者疼痛行為的六項觀察：

一、臉部表情：如臉部肌肉扭曲、皺眉。

二、出聲：呼叫、呻吟。

三、身體動作：坐立不安或不願活動。

四、人際互動：激動、發怒、退縮。

五、生活型態改變：拒吃或睡不好。

六、心智改變：流淚、混亂。

此外，當嬰兒無故啼哭時，做父母的會把寶寶全身檢查一遍，以確定是否有傷痛，或許這也可以作為對失智長者疼痛評估的參考。

年紀漸大，如何睡個好覺？

隨著年紀增長，人的睡眠生理會改變，其生理時鐘也常把睡眠時間提前幾小時，所以一般人以為老人的睡眠時間少，其實是因為睡眠機能出現障礙之故。

就是要這麼早睡

一位七十五歲的老先生在門診抱怨睡不著，希望拿點安眠藥。問他幾點上床，他說七點，睡到半夜一、兩點就睡不著了。我算一算，這不就已睡了六個小時嗎？六小時是足夠了，當然就要起床！

再問他為何要這麼早上床？他兒子在一旁搖頭說：「父親很固執，就是要這麼早睡，所以家人常在半夜被他的活動聲吵得不能睡。」

老年人的睡眠生理狀況會改變

人的睡眠是由非快速動眼期睡眠（ＮＲＥＭ）及快速動眼期睡眠（ＲＥＭ）兩部分所組成，交替出現。非快速動眼期又從淺眠到深度睡眠，分為第一到四個階段。在一晚的睡眠中，非快速動眼期和快速動眼期會有四到五次的週期交替。

隨著年紀的增長，老年人的睡眠生理會改變，也就是：非快速動眼期睡眠的第一期睡眠（淺睡）時間增加，深睡的第三、四期時間減少。

這也因而造成了一些睡眠型態的改變，例如：需較長時間才能入睡，夜裡常常醒來，早上又醒得特別早；躺在床上時間雖多，但實際深度睡眠的時間減少，睡眠效率減低，白天容易疲累，一坐下來就會瞌睡打盹。

不但如此，其生理時鐘常把睡眠時間提前幾小時。所以一般人以為老人需要的睡眠時間較少，其實是因為老人家的睡眠機能出現障礙之故。

約三分之一的長者有睡眠障礙

老人家常抱怨失眠，約三分之一的老年人有睡眠障礙。除了因為上述生理的改變外，也因為常有以下情況而影響睡眠：

一、**慢性病**：如失智症、心臟衰竭、肺病變、攝護腺肥大、關節或肌肉疼痛、中風、胃食道逆流等。

二、**精神疾病**：憂鬱症、焦慮症。

三、**原發性睡眠障礙**：如阻塞性睡眠呼吸暫止症（obstructive sleep apnea）、不寧腿症候群（restless legs syndrome）和陣發性肢體抽動症（periodic limb movement disorder）等。

四、**生理時鐘規律障礙**：如睡眠時段提前。

五、**藥物**：如利尿劑、類固醇、某些抗憂鬱症藥物等。

改善睡眠品質的十個方法

對於失眠患者，第一步是先找出原因，對症下藥。

比如，上述七十五歲的老先生就是屬於生理時鐘規律障礙，應想辦法把睡眠時間逐漸挪後，因此在下午六、七點時不妨增加活動量，如出外走走、與老人家多閒聊、做些老人家有興趣的事等。

其次，就是要注意或加強其睡眠教育，也就是睡眠衛生（sleep hygiene），以改善睡眠品質，常用的有以下十個方法：

一、營造一個舒適的睡眠環境，如燈光柔和、無噪音、室溫適當等。

二、養成固定時間上床及起床，且維持上床時的一般習慣行為，如：睡前刷牙、洗臉、洗澡、上洗手間或整理被子等。

三、床鋪只用來睡覺，不要在床上看電視、看書或吃東西。

四、傍晚後就不要喝咖啡、茶等含咖啡因的飲料、酒或抽菸。

五、睡前三小時不要吃喝過量。

六、每天固定運動，但傍晚六點後不要做激烈運動。

七、白天盡量不要小睡。

八、睡前不要有爭吵或過於興奮，避免情緒激動。

九、練習自我放鬆，如靜坐調息等。

十、盡量避免不熟悉的睡眠環境，如輪流到每個孩子家住。

因此，當老人家抱怨他都睡不好覺時，不要急著請醫師開立安眠藥，而是要先了解在睡眠中的哪個環節出了問題，加以調適，必要時才考慮安眠藥。

如果有一天，突然聽不見……

面對聽力喪失的問題，朋友保持正面心態，一面積極尋求並配合醫療，一面調適生活，雖然預作最壞的打算，但她並沒有放棄。

原因不明的神經性耳聾

一位六十多歲的朋友，右耳在十年前突然聽力喪失，再也沒恢復。她的左耳聽力也不好，但原本戴上助聽器就可以聽得到，沒想到兩星期前，她的左耳突然也聽不到，就醫後診斷是「原因不明的神經性耳聾」，開始服用類固醇，還沒有好轉跡象。

幾天前，我們一起到戶政事務所，她因為聽不到，心裡著急，所以講話大聲且語氣急促，聽起來好像在質問，讓辦事員有點緊張，也顯得有些惱怒。走在街上，朋友聽不到後方來車的聲響及喇叭聲，讓我為她捏一把冷汗，她也只能盡量靠邊走，希望後面的車子不要太莽撞。

晚間在西餐廳用餐，我們相對而坐。我拿了一疊回收紙在紙上快速書寫，她認起我潦草的字跡毫無困難，只是講話音量時而變大，好像在演講，我得輕動手指，提醒她放低音量。後來她講話時，把兩指放在脖子前下方，以感觸聲帶震動的大小，當我點頭說音量剛好，她就控制在此震動幅度，以免打擾鄰桌。

面對它、處理它，別放棄

聽不到，想必很困擾！但她說，遇到問題，就照聖嚴法師所說的面對它、處理它，目前還在積極求醫，並沒有放棄。她也說：「我除了聽不到，身體其他功能都不錯。」如果將來真的活在寂靜世界中，她唯一的遺憾是聽不到未來出生的孫兒笑聲。

當然，很多事情還在適應中，也希望家人和親友能配合體諒。例如她因為聽不到自己的聲音，就以為音量太小而提高分貝，她先生就說她很凶，態度不好（我想今天戶政事務所的那位先生可能也有同感），讓她覺得先生不像我這麼有

耐心。我提醒她，我只是耐心地寫了一個晚上，她先生可是時時刻刻都要寫啊！

家裡門鈴響、電話聲她都聽不到，縱使來電時電話機會閃爍，她接起來也無法對話。幸好，手機可以震動且傳送訊息，其他手寫通訊軟體也都很方便。與人面對時，可用肢體語言溝通。

倒是就醫時，在先生的陪伴下，醫師就會對著先生講解，再由先生寫字給她看，如此轉述過程，徒增困擾。但當她自己看門診，因為聽不到，醫護人員只好耐心地寫字與她溝通，有時簡單的字眼，醫師會拿下口罩，請她讀唇語，讓她覺得受尊重。

設身處地的釋懷

朋友面對問題時保持正面心態，一面積極尋求並配合醫療，一面調適生活，並做最壞的打算。因此，讓我聯想到，我們每個人的立場不同，看的角度不同，因而有不同的見解、爭議甚至誤會。就像電影《看見台灣》裡的旁白一樣，你看不到台灣的美麗，是因為你看的高度不夠。

以後，如果有人不回話、走路莽撞或開車不禮讓時，我們能設身處地來想，也許他是重聽、身體不適或有急事，心裡也就釋然了。

手抖是可以治療的

手抖是可以改善的，而且不是見不得人的病，這位長輩，很可能是得了老人家最常見的一種不自主運動疾病，也就是「動作性顫抖」。

手抖，絕不是見不得人的毛病

朋友說一位七十多歲的長輩雙手發抖，夾菜很不方便，舀湯時常會溢出來，讓長輩不僅覺得難堪，也擔心別人以為他是酒精中毒。情況愈來愈嚴重，這位長輩漸漸地不敢外出吃飯，親戚朋友的飯局更不敢參加，變得孤獨退縮，好像有憂鬱症了。朋友曾勸長輩就醫，但長輩認為這是退化現象，醫不好的，是這樣嗎？

我聽了之後，很為這位長輩叫屈，他應該就醫，手抖是可以改善的，而且不是見不得人的病，他很可能是得了老人家最常見的一種不自主運動疾病，也就是「動作性顫抖」。

什麼是「動作性顫抖」？

動作性顫抖是在做任何動作，如拿杯子、寫字、夾菜時，會發生規則性的震顫；若處於休息狀態時則顫抖消失。

這與帕金森氏症的顫抖剛好相反，也不同於因緊張而出現的生理性手抖。當然，任何類型的手抖在緊張或焦慮時都會加重。

動作性顫抖是一個臨床診斷，不需要做腦部掃描，但需要與帕金森氏症做鑑別診斷。然而，有學者發現動作性顫抖的人，罹患帕金森氏症的機會比一般人為高，所以有時在一個人身上可發現同時有動作性顫抖和帕金森氏症。

動作性顫抖主要出現在手與手臂，通常由一側開始，後來兩邊也都會出現顫抖。

顫抖也可發生於頭部，頭部會不自主地左右晃動或上下點頭，患者常常不自知也並不造成困擾，反而是與他面對面談話的人看得眼花撩亂——明明口中說好，為什麼猛搖頭？

少數人的聲音也會發生顫抖，講話時出現抖音，並非緊張或害怕。

年齡增加，顫抖症狀會逐漸加重

雖然動作性顫抖主要出現於老年人，但二十多歲的年輕人也可能發生，且會隨著年齡的增加而症狀逐漸嚴重。

流行病學研究顯示，六十五歲以上的人約百分之四有動作性顫抖，但這個數目明顯低估了，因為許多老人家可能因症狀輕微或不知這是一種疾病，而沒有就醫。

造成動作性顫抖的原因不明，一般認為是大腦的中樞神經功能出了問題，並非腦部真的有中風或腫瘤等結構性病變。

約三分之一的病例是遺傳而來，且是顯性遺傳，即父母中的一位有動作性顫抖時，其子女有二分之一的機會得到，但目前尚未找到是哪個基因。

有趣的是，高達百分之七十五的動作性顫抖在喝酒後會暫時改善。曾在一次餐會上見到一位先生替別人斟酒時，雙手明顯顫抖，小小的酒杯口有點對不準。但酒過三巡，他倒酒的技術變得又快又準，我推測他可能是有動作性顫抖。但也有人因喝酒後，雙手就不抖了，而被誤以為是酒精中毒呢！

與動作性顫抖的共處之道

有動作性顫抖的人，最好不要選擇需要精細、精準手工的職業，如鐘錶修理師傅或神經外科醫師等。如果症狀明顯，則需治療，否則有可能因手抖影響工作、生活和社交，因而焦慮或憂鬱。

治療以藥物為主，可以讓症狀緩解，但不能根治。藥物包括乙型阻斷劑（如propranolol）等，但這些藥物只對大約百分之五十的患者有效，而且對手抖治療的效果比頭抖為佳，所以有時需換藥，耐心地試試療效。只有少數患者因症狀太嚴重且藥物治療無效，才需要接受腦部立體定位手術的治療。

動作性顫抖如果不嚴重、不影響工作或不干擾生活作息，則不需要治療，而且有些人會找出適應之道。我看過一位八十多歲的長輩雙手抖得滿明顯的，但她用左手把右手肘抓住固定，居然每天的眉毛都用右手畫得很順、很漂亮。顯然，她找到了與動作性顫抖共處的因應之道。

躁動不安的日落症候群

日落症候群的治療，因人、因地而異，沒有一定的準則，但我們可以安撫病人，試著了解他，走入他的世界，或轉移他的注意力。

常在黃昏或晚上發生

一位患有失智症的老太太，病情逐漸嚴重，最近一個月來，常到了黃昏快吃晚飯時，就開始混亂起來、躁動不安，一直吵著要出門，說要「回家」，其實她就在家裡。而且，她容易被激怒，例如要帶她去洗澡時，她就握緊雙拳，作勢要打人的樣子，令家人非常困擾。

這位老太太出現的症狀就是「日落症候群」（sundown syndrome），在黃昏或晚上時，有些失智症患者會發生焦躁、激動、吵鬧、大叫，甚至攻擊他人等精神行為問題，或原本就有的精神行為異常會變得更嚴重、更混亂。

為什麼會產生「日落症候群」？

不過，並不是每位失智症患者都會有日落症候群。關於這點，各家研究的結果差異很大，約百分之二．四至六十六的失智症患者會發生日落症候群，而以在安養院的發生率較高，可能是一般到安養院的患者失智較嚴重之故。

早在七十多年前，就有醫師發現了日落症候群的存在，但真正原因仍不清楚。在此分別由患者本身及環境因素兩方面，來探討可能的原因。

一、在患者本身方面的因素有：

1.生理時鐘不正常，患者的生理狀況反而在下午或晚上時達到高峰。

2.白天太過勞累，到了下午體能就無法負荷。我們不也是在一日將盡、日暮四合的時候，就不免覺得疲累、易怒嗎？

二、與環境相關的因素則是：

1.傍晚時，照顧的人手不夠，例如在安養院，正值工作人員交接班時間，較無暇兼顧照護病人，造成病患精神不安或身體不舒服，因而混亂。

2.白天照光不足，干擾患者的生理時鐘。

從改善環境與藥物治療著手

日落症候群的治療，因人、因地而異，沒有一定的準則，一般可由改善環境與藥物治療兩方面著手，例如：

一、在發生日落症候群的時間或之前，安排一些患者可參加的簡單日常活動。

二、安撫病人，試著了解他，走入他的世界，或轉移他的注意力。

三、房間的光線要充足，減少不必要的噪音或嘈雜的活動，以舒緩患者的恐慌。

四、對無法表達的病患，看看他是否身體不舒服，如關節疼痛、小便失禁、需換尿布等等。

五、必要時，需由醫師給與短效的鎮靜劑、低劑量的抗精神藥物或褪黑激素等等。但劑量的調整，還需要照顧者與家屬的細心觀察及耐心配合，才能達到效果。

善意，讓迷路的失智長輩回家

失智長者的走失防不勝防，因此要有「萬一走失」的防備措施，例如在皮夾裡放紙條，寫上失智患者和緊急聯絡人的名字與電話，這些資料也可繡在外套內面。

迷路的男人

冷颼颼的午後，王小姐在台北信義區的松仁路，與朋友陳先生迎面相遇，她和陳先生打招呼，可是陳先生卻置之不理，逕自往前與她錯身而過。王小姐猛然想起，曾聽陳太太提到丈夫罹患了失智症，那麼，陳先生是不是迷路了？

於是她上前問陳先生要去哪裡，他說要回家，可是他走的卻是反方向啊！王小姐趕快打電話給陳太太，電話那頭的她焦急得很，說丈夫早上就不見了，她已經報警，正不知如何是好，接到這通電話如獲救星。她請王小姐看好陳先生，她會立刻來接。

王小姐追上了陳先生，要他在原地等妻子來，但陳先生不理；把手機放在他耳邊，請他聽陳太太的話，他卻認不出妻子的聲音，只顧著往前走，要回家。

王小姐不敢和六十多歲的陳先生在路上拉拉扯扯，也怕惹惱他，只好一面跟在他後面，一面以手機向坐在計程車裡的陳太太報告行蹤。

陳先生走得很快，在大街小巷中穿梭，由吳興街都快走到山上了。幸好王小姐平常有健身習慣，體能很好，沒有跟丟，就當作是一次意外的健行活動。

約莫四十分鐘後，陳太太的計程車終於趕上了他們。看到妻子，陳先生就放心地與陳太太坐上計程車回家了。

日常生活處處有危機

在失智症的認知功能障礙中，有一項即是空間辨識能力變差，初期時，會在不常去的地方迷路；嚴重時，則連熟悉的地方也不認得，甚至在家裡都找不到洗手間或自己的房間。

但這是一種漸進的過程，今天會自己去熟悉的美容院，也許明天就找不到路回家。照顧者一方面不希望太太限制患者的活動，但又不知哪一次患者自己出門就會迷路，因此有時很難拿捏。

大部分的走失，都發生在從事日常活動且不認為會有問題的時候，例如失智長者在看電視，照顧者到廚房處理一下雜事，才幾分鐘，患者就自行走出去了。

有一次，一位太太和外籍看護帶失智的先生來醫院做檢查，等電梯的人很多，太太向外籍看護交代事情，一回頭，就發現先生不見了！可能是跟著人潮被擠進了電梯。

兩人焦急得在醫院裡到處尋找，後來發現先生自己坐在門診候診室的椅子上，還怪她們跑到哪裡去了。

這是個幸運的案例，但還有失智患者倒在路邊經送醫獲救，甚至走在高速公路上而不幸被車輾斃，或從此音訊全無等令人扼腕的案例。

難以承受的心理煎熬

到底有多少失智症患者曾走失？根據西方文獻，高達三到六成的病人曾經走失。

來自香港的一篇論文，以電話對二百五十位失智患者的家屬做問卷調查，發現有百分之二十八的患者曾經走失，其中，百分之二十三走失不只一次。將近一半的走失患者在一小時內被發現了，百分之九十六在二十四小時內發現。中重度失智、有遊走傾向且行動自如的患者較易走失。

走失後的結果如何呢？這方面的資料大都來自於報紙的報導。例如，美國佛羅里達大學的一篇論文，蒐集分析二〇〇三至二〇〇八年間，美國報紙有關失智症患者走失的報導，共三百二十五個案例，男性比女性多，可能是男性的活動量較大的關係；其中，百分之三十二被發現時已死亡，而且大都在郊區、荒涼地帶等比較不容易被尋獲的地方。

由於報紙報導的常是比較嚴重或特殊的案例，才會有高達百分之三一二的走失患者死亡，否則根據估計，應該是小於百分之一的機率。但只要走失，對失智患者和家屬都是嚴重的打擊和心理煎熬。

讓親朋好友知曉病情，獲得幫助

失智長者的走失防不勝防，因此要有「萬一走失」的防備措施，例如，在其皮包、皮夾或口袋裡放紙條或名片，寫上失智患者和緊急聯絡人的名字與電話號碼，這些資料也可繡在外套或常穿衣服的內面。戴遺失手鍊的立意雖然很好，但要防被不肖之徒利用。

近年來，各種衛星定位產品陸續推出，如以手機ＧＰＳ定位等，也可以善加使用。萬一走失了，除了家人積極尋訪，還可以靠社區警局、媒體、親朋好友和善心人士等的幫忙。

陳先生的走失給我最大的感觸是，幸好陳太太有讓親朋好友知道他的病情，所以當王小姐和陳先生不期而遇時，會心生警惕而採取行動，否則外表正常、行動矯健的陳先生如果一路走到山上，結果就很難預料了。

往後，如果我們在路上看到有長者好像無所適從的樣子，不妨上前關心地詢問，也許就會讓一位失智患者高興地回家。

除夕的願望

有些跌倒過的老人家因害怕再度摔倒，而不敢外出或單獨行動，生活變得枯燥，甚至變得孤單憂鬱，引發更多的問題，因此，預防老人跌倒非常重要。

我和母親的角色互換了

除夕晚上，九十六歲的母親半夜醒來，掀起棉被一角，困難地側著身子，想要起身。

我走過去，拉扶她一把並說：「您叫一聲，我就會過來啊！」

母親卻說：「你是長輩，我是晚輩，怎敢麻煩你？」

我一時不知如何回答。想到稍早吃過年夜飯，我送壓歲錢給母親，她紅包握在

手中，一臉茫然，然後把紅包轉給嫂嫂，這不就像我小時候過年時，親友送的紅包一定會交給母親保管嗎？隨著時間的輪轉，母女、婆媳的角色悄悄地互換了。

約一個小時後，母親又起來小解。我幫她把衣褲拉好，扶她上床，她看著我說：「攏給你麻煩，你賺這嘛是甘苦錢。」原來她以為我是花錢請來的幫傭。

絕不能讓你跌倒！

罹患失智症多年的母親，認知功能逐漸退化，且行動不便，需輪椅代步。平時由兄嫂照顧得無微不至，晚上還請專人陪伴母親。一向愛漂亮、愛乾淨的母親堅持不肯包尿布，晚上約每一小時就會起來小解。雖然床邊有個輪椅式馬桶，但母親還是可能在起床時跌倒，因此照顧者小心翼翼，需隨時注意母親的舉動。

除夕夜家人團圓，照顧母親的幫手也休假，我責無旁貸地在除夕夜與母親同榻而眠。然而，母親晚上要起來時，不會主動叫人，照顧者通常在她將棉被一掀時就會醒來。我卻沒這本事，常常一覺到天亮，而且我二十多年來再沒值過夜班，警覺性已不高了。

就寢前，我腦海裡不斷地浮現這種影像：母親在除夕夜跌倒，家人慌亂地叫一一九送母親到鎮上的醫院急診室，除夕夜醫院的人手不夠，折騰了一陣子，照了X光，證實股骨骨折，等骨科醫師看過後，大家擔心麻醉的風險太大，要不要開刀而決定不下，其間母親的痛苦和恐懼令人心痛。接著住院後，發生一連串的併發症和骨牌效應……我就不忍再繼續想像了。

於是我當下立下志願（我已好久沒有立志了），絕對不能讓母親在除夕夜跌倒！母親睡在大床的右側，左側靠梳妝台，由梳妝台的一面大鏡子剛好可看到母親的動靜。我坐在梳妝台前整晚守歲，看完一本書後，打開電腦，寫下心得，再瀏覽網站，還看完一場線上電影，硬是用各種方法不讓我的眼皮闔上。

母親約起來八、九次，幸好每次小解後上床，頭一碰到枕頭就立刻入睡。我不禁想到，母親有做醫師的本錢，遇到值班時被叫起來處理事情後馬上入睡，第二天又可精神飽滿。

初一早上七點多，哥哥進來接班，讓我去補眠。我鬆了一口氣，除夕的願望達成了，感恩哦！

老人家跌倒，最後可能會導致憂鬱

六十五歲以上的老人，約有三分之一曾跌倒過，嚴重時則導致髖骨骨折或腦外傷等後遺症。有些跌過的老人家因害怕再度摔倒，而不敢外出或單獨行動，生活變得枯燥，甚至變得孤單憂鬱，引發更多的問題，因此，預防老人跌倒非常重要。

首先，要找出跌倒的原因，例如是肌肉無力、平衡不佳、髖關節或膝關節退化，視力不佳如白內障、心律不整、頭暈、血壓太低、安眠藥等藥物的副作用，或是輕度中風、帕金森氏症或失智症等疾病。環境雜亂或夜間室內照明不夠，也是讓老人家容易絆跤的原因之一。

找出老人家跌倒的原因後，再對症處理。一般老人還可以接受簡單的運動訓練或學打太極拳等，以增進肌力和訓練平衡，但重度失智的老人家如我母親，則身邊隨時要有人陪伴，以預防跌倒。

老太太的眼眶紅了

患有慢性病的老人家，憂鬱的症狀在悲傷、罪惡感較不明顯，反而是以身體上各種不舒服的症狀來表現，如：記憶減退、胃口不佳、失眠等，因此容易被忽略。

生活過得再好，還是有可能憂鬱

一位七十五歲的老太太由兒子陪著來門診，先是抱怨自己記憶力不好，接著又說頭暈、頭殼發麻、睡得不安穩等等。替她做了簡單的記憶測試，情況不錯，而且她講起病情頭頭是道。

我問她：「你覺得心情不好嗎？是不是有煩惱？」

她兒子搶著說：「我媽媽哪會有什麼煩惱？她生活過得很好，什麼都不缺。」

我看著老太太，只見她眼眶一紅，說：「我有時真想死掉算了，一了百了……」

我確定這位老太太沒有神經系統的疾病後，就把她轉介給精神科醫師。

慢性病患得憂鬱症的比例較高

有些人以為生活困苦或不幸福才會有憂鬱症，所以承認自己或家人有憂鬱症是件很沒面子的事。然而，人的情緒本來就會有起伏，當生活有挫折或受到打擊時，免不了會憂鬱。當沒有這些外來的因素時，憂鬱症本身就是一種疾病，就像身體其他疾病一樣是需要醫治的。

憂鬱症在老人家是很常見的，約百分之八到十六的六十五歲以上老年人有憂鬱症。

以一篇發表於《心理醫學雜誌》的論文為例，在金門社區的一千三百一十三位六十五歲以上老年人中，百分之二十六有憂鬱症狀，百分之十三被精神科醫師診斷為憂鬱症（其中一半是重鬱症患者）。

有慢性病的老年人，患憂鬱症的比例會明顯提高。

根據美國的一篇文獻回顧，各種慢性病（如阿茲海默症、癌症、慢性疼痛、糖尿病、心肌梗塞、中風等）合併憂鬱症的比例在百分之二十以上。

多關心、多聆聽，有助及早發現憂鬱症

有憂鬱症的病人，其家屬常會說：「他的憂鬱症是這個疾病造成的，如果沒有這些病痛，就沒有憂鬱症了。」話是不錯，但這些慢性病常無法根治，只能控制。所以要等慢性病消失才不憂鬱恐怕很難，且憂鬱也會使得病情加重，或增加治療上的困難。因此，還是必須從憂鬱症的治療著手。

患有慢性病的老人家，憂鬱的症狀常和年輕人的憂鬱症狀不同，在悲傷、罪惡感較不明顯，反而是以身體上的疾病和各種不舒服症狀來表現，如：記憶減退、胃口不佳、擔心、失眠、焦慮等，因此容易被忽略。

不僅患有慢性疾病的老人家容易得憂鬱症，憂鬱症也有可能是中風、心臟病及阿茲海默症的危險因子之一，因此需要積極治療。除了親友的支持、病人生活及心理上的調適外，還常需加上藥物治療。

近十多年來，抗憂鬱症藥物一直有很新的研發。有些老人家服用之後效果不錯，不僅自己覺得日子不再那麼難捱，家人也比較好過。但是老人家常有其他慢性病，已經服用了多種藥物，這些藥物都需讓醫師知道，才較安全妥當。

照顧長輩並不容易，不只是注意老人家是否吃飽了、穿暖了，關心身體是否有病痛，也要多花點時間聆聽長輩，關注他是否心情低落或鬱悶，才能讓老年憂鬱症浮出檯面，幫助患者及早接受治療。

讓我們隨時珍惜說再見

既然說再見的時機不是我們可以掌握的，那麼每天出家門，與家人說再見時就當作是最後一次說再見，快快樂樂地道別，晚上再高高興興地見面，多好！

來不及道別的遺憾

一位年輕獸醫師朋友提到，當客戶家裡的寵物得了無法救治的重病時，為了減輕牠們的痛苦，獸醫師會在醫院為寵物施行安樂死。在打麻藥讓寵物睡著前，主人們會抱著心愛的狗或貓很不捨地道別，對牠說：「你辛苦了，好好地走吧！」總讓他很感動。

這樣的寵物真幸福！雖然一樣情深，但人們好像對寵物較能直接表露情感，反而對於久病且即將離去的親人，比較少有如此的殷殷告別。有時候，甚至根本沒有機會道別！

一位向來健壯的六十歲男士，有天洗澡時，突然倒地昏迷，送醫後發現是腦部微小動脈瘤破裂而導致蜘蛛膜下腔出血，不久後便去世了，妻子悲痛逾恆，直到一年後才慢慢走出哀傷。

另一位患有高血壓的三十多歲男士，上班時忽然四肢無力，接著昏迷，送醫後發現是腦幹大片出血，幾天後去世，他當天出門前與妻兒說的「再見」竟成絕響。

高血壓和糖尿病，都是中風的危險因子

有位好友曾在約翰霍普金斯大學醫學院的咖啡廳裡，看到牆上的跑馬燈閃著：「人的畢生所學可以在幾分鐘內就被毀掉——中風。」（What one takes a lifetime to learn, can be destroyed in minutes: stroke.）讓他心生警惕。

當然，不是所有的中風都很嚴重，病情的輕重，和中風的面積大小以及中風的部位有關，有的小中風或中風在某些部位如額葉，甚至沒有出現症狀而不被察覺。

一位醫師朋友提及十多年前，平常就有高血壓的七十六歲母親，有天在家裡突然劇烈頭痛，一量血壓，收縮壓高達一八〇毫米汞柱！因為沒有其他神經症狀，母親堅決不肯到醫院，他只好讓母親躺下來休息，觀察幾小時後不再頭痛。

但最近母親因其他原因做了腦部磁振造影檢查，發現右側大腦的額葉有一細長條的缺損，他才想起，十多年前母親的劇烈頭痛可能是中風，因此留下了痕跡。

然而，並不是所有的中風都能如此幸運，而且我們沒有辦法確切預測是否會中風以及中風的部位大小等，所以具有中風的危險因子如高血壓和糖尿病等，都需好好地控制，以預防中風。

慢性病，像一段長久的告別

嚴重的中風來勢洶洶令人措手不及，沒機會說再見，固然很遺憾。但當一再中風，變成慢性病時，也很難把握適當的時機道別。例如，慢性病患病情變壞了，以為即將離世，但病況卻好轉起來，如此病情時好時壞，使得遠在國外上班的子女往返奔波，心繫掛念著。

又如阿茲海默症，患者的心智慢慢退化，逐漸流失，過程長達數年，陪伴罹患阿茲海默症的前美國總統雷根多年的夫人南西，稱之為「長久的再見」（a long goodbye），聽來雖然傷感，卻再貼切不過。

其實，面對心智一點一點流失的阿茲海默症患者，每天都好像在說再見，因為他明天的記憶會比今天少一些。讓我聯想到李白的詩句：「棄我去者，昨日之日不可留。」不論開心與否，每天都是嶄新的一天，向昨天的我說再見。

既然說再見的時機不是我們可以掌握的，那麼每天出家門，與家人說再見時就當作是最後一次說再見，快快樂樂地道別，晚上再高高興興地見面，多好！平常有感謝、鼓勵的話就說出來，不要只是放在心裡，或總在等待時機才要講，哪怕只是「媽媽今天煮的紅豆湯好好吃」也好，才不會有遺憾。

預先做好準備，從容道再見

我們一向著重在如何與生病的親友道別，卻很少思考如果是自己生了重病，雖然不會立刻離世，但時日已不多時，該如何道別？也許可以事先寫好一封信、錄音，或拍個短片表達心意並交代事情。

《最後的演講》的作者蘭迪．鮑許（Randy Pausch）在得知自己胰臟癌復發，沒剩下多少日子之後，應邀在卡內基美隆大學進行「最後的演講」，演講內容原本是以他三個稚齡孩子為對象，希望他們將來長大後可以了解、體會，沒想到卻先感動了世人，這恐怕是絕無僅有的道別了。

回憶過往數十年能安然走過我人生的初春、盛夏，讓我非常感恩。在這坐六望七的年齡，除了欣賞深秋的成熟、盼望暖冬，我更隨時準備說再見。因此在心裡，把每天遇到的人、所做的事，都當作是最後一次，在心中默默地說再見，對每個人也就更珍惜，對每件事更不會那麼計較了。

Chapter 4

真安心！
銀髮族上醫院放輕鬆

常聽到有人說：「不能退休喔！退休以後，一身都是病。」

其實，生病與退休沒有直接關係，而是因為大部分的人在六十五歲屆齡退休，這時開始步入老年，身體漸漸衰退，器官一一出現問題，因此上醫院的次數逐漸頻繁，給人一個退休後都在生病的假象。

既然上醫院無可避免，又不想麻煩晚輩，或晚輩也不想被麻煩，銀髮族就得學會獨立自主，如看對科別、遇對醫師、網路掛號、候診、陪診、就診時做個聰明病人、安全用藥等等。當需要有人陪診時，則不要逞強。

此外，親人、老友也會有生病的時候，如何表示關心而不造成對方的困擾，貼心地探病也是有學問的。

銀髮族無病時勤養身，有病看醫生，將會帶給自己一個活力、健康的老年生活。

老人家生病該看哪一科？

老人家外表可見到的是白髮、皺紋、動作遲緩，看不到的，卻是體內全身血管壁的僵硬及粥狀硬化、肺活量減少、腎功能減退、腦細胞凋零及免疫力的降低等。

從中風開始的一連串折磨

八十歲的張老先生因缺血性腦中風住院，雖然左側偏癱，吃東西有時會嗆到，但神智清楚。一般這種狀況觀察幾天，病情穩定後，即可開始做復健，如果沒有併發症，通常兩星期即可出院。

但張老先生向來有糖尿病、高血壓及心臟擴大，腎功能稍差，定期在服用藥物，所以醫師並不樂觀。

果然約一星期後，張老先生併發了肺炎，雖然醫師立刻給予抗生素，但不久後併發敗血症，心臟衰竭，接著腎功能急遽變壞，尿毒素持續上升，小便量減少，開始洗腎。

為了確定其水分的進出能平衡，醫師為張老先生在頸部插上中央靜脈管及尿管，以測其水分的進出量。

由於張老先生的神智逐漸不清楚，無法進食，所以醫師又為他插上胃管以餵食。

此外，只要他的痰培養出新的菌種，醫師便根據其對抗生素的敏感度而更換治療的藥物，因此，抗生素不停地更換。

為了要了解治療效果，張老先生每隔幾天就得抽血，測其尿毒素、電解質、白血球等。

受了那麼多折磨還不算，因為感染，使張老先生的血糖變得很高，又得用胰島素點滴控制，因此一天得測四次血糖。

此時，醫師診斷為肺炎併發敗血症及多重器官衰竭。雖然醫師已經盡心盡力，但張老先生病情持續惡化，進展到呼吸衰竭，醫護人員為他插上氣管內管，接上呼吸器以幫助他呼吸，可是在一個多月後，張老先生仍然不幸去世了。

老人病其實不簡單

這是一個虛擬的病例，但聽起來多麼熟悉啊！

記得四十多年前我還是醫學院的學生時，有位學長說將來想要走老人科，生活可以不用那麼緊張，心理上也較沒有負擔。因為老人的疾病大都是慢性病，較不急，可以慢慢來，不像小孩子或嬰兒的疾病常常是來勢洶洶，面對家長的焦慮及要求，一刻都不能鬆懈。

可是，到醫院實習後，他立刻改變了心意，因為他發現老人疾病雖是慢性病，但各種症狀錯綜複雜，一點都不簡單。

雖然每個人老化的速度及程度不同，但一般老年人就像是老舊的機器，總有磨損、故障之處；也像用久了的水管，難免有泥垢日積月累。老人家外表可見到的是白髮、皺紋、動作遲緩，看不到的，卻是體內全身血管壁的僵硬及粥狀硬化、肺活量減少、腎功能減退、腦細胞凋零及免疫力的降低等等。

機器雖然老舊，在一般狀態下仍可慢慢地運轉，維持一定的功能；但當某一零件出了大問題時，常常就會影響整個機器的運作。

老人家雖然各器官功能都不是很好，但維持在一個平衡狀態，生活起居都沒問題；不過，當某一器官有了問題（最常見的是感染，如肺炎），往往一發不可收拾，造成多重器官衰竭，正所謂骨牌效應，輕輕一推，就倒了。所以對於老人家的小病，不能掉以輕心。

針對問題所在，做全盤性的診治

根據研究，老年人通常有四種慢性病，而住院的老年人平均有六種疾病，所以出院病歷摘要上的診斷常是長篇大串。像張先生的疾病就包括了身體的各種器官系統：神經系統（腦中風）、心血管（高血壓及心臟衰竭）、感染免疫系統（肺炎及敗血症）、腎臟泌尿系統（尿毒）及新陳代謝系統（糖尿病）。

那麼，該由哪一科來照顧呢？

由於症狀非常複雜，而且互有關聯，所以治療時常需要根據病人的「症候群」，也就是針對其問題所在，做全盤性的診治，而不是只針對各個疾病來治療。

比如說，老年人常見的毛病有走路不穩、易跌倒，及生活能力降低需人照顧、營養不良、小便失禁、感染、聽力及視力障礙，與智力減退、孤獨、憂鬱等等問題，所以照護的醫師必須全方面地考量病人的狀況，最好是有一個包括了不同專長的醫療團隊來統合照顧，老年醫學也因此開始發展。

蓬勃發展的老年醫學領域

雖然老化的基礎研究一直都很蓬勃，但老年臨床醫學的進展較慢。老年醫學與其他科別部分重疊，而且老年人疾病多，動作反應慢，看診時間長，住院時的併發症又多，而醫療保險給付並不因此加多。

美國於一九九四年才成立老年醫學次專科。二〇〇二年十二月，台灣的老年醫學會則終於舉行了第一次的老年專科醫師考試，產生了第一批的台灣老年專科醫師。

目前，許多大醫院都設有老年醫學科或高齡醫學門診，為患有多種慢性疾病的老年人提供整合性的醫療。老年醫學的醫師為原來受過內科、家醫科、神經內科、復健科或精神科專科訓練的醫師，再加上老年醫學的訓練，整個醫療團隊中還包含了護理師、營養師、復健師、藥師和社工師等，為病人做整合的評估和治療。不過，有些特殊的專科用藥或難以控制的疾病，還是得尋求原專科醫師的診治。

中風的診斷不簡單

一般人如何決定是否要立刻就醫呢？主要還是根據症狀發生的快慢和嚴重度，若症狀發生得又急又嚴重，就要趕緊就醫。

連醫師也沒察覺到的中風

一位醫師朋友在電話裡問我，說他八十多歲的父親這兩天反應有點慢，倒杯水給他時，好像看不到杯子般，無法一下子準確地接到手，但血壓和脈搏都如常，講話也清楚。朋友問，是不是該帶父親去看失智症門診？

我想，原本正常的老人家在兩天內變得不太對勁，就算是失智也不是退化性的阿茲海默症，所以應該考慮其他腦部病變，看門診可能得等幾天，建議還是掛急診。

結果老人家接受腦部電腦斷層檢查，發現大腦右側枕葉有缺血性腦中風，造成他左邊視野缺損（偏盲），所以杯子如果擺在左邊就看不見。

幾年前，另一位醫師朋友的九十歲母親罹患輕度阿茲海默症，但還可自行穿衣；有天早上，家人在等她吃早飯，但她遲遲沒從房間出來，於是進去看她，發現她起床後脫下睡衣，正在換穿外出服，卻把上衣的釦子上下亂扣，而且兩條腿想要塞進同一邊褲管裡，忙亂得很。

朋友帶母親到醫院接受電腦斷層檢查，發現右側頂葉有缺血性腦中風。此處的病變讓老人家不會穿衣服、不會算術，而且左邊視野也受損。

這兩位朋友都有點懊惱，自己是醫師，怎沒看出是中風呢？其實，術業有專攻，隔行如隔山，醫學浩瀚如海，分科又細，醫師不可能全知全能，就好比我是神經內科醫師，不會開刀，也無法對卵巢癌提出最新的治療建議一樣。所以朋友面對不常見的神經症狀而沒診斷出中風，也是常理。

表現相似，病因卻可能不同

中風是突發性的腦血管阻塞或出血，所造成的腦病變，表現的症狀根據發生的血管及其所灌流的腦部區域而不同。常見的症狀為一側肢體無力或麻木、嘴歪臉斜、表達困難或聽不懂、複視等等。但如在枕葉，則造成偏盲；在右邊頂葉，則穿衣困難，因為患者手腳活動自如，所以比較不會警覺是中風症狀。

然而，並不是以上所有症狀都是中風引起的，例如，嘴歪臉斜也可能是顏面神經麻痺，複視也有可能只是第三對腦神經病變，並非中風。因此有神經症狀時最好就醫，讓醫師來判斷。

然而，即使接受了腦部電腦斷層掃描的檢查，中風的診斷也不是百分之百正確，還需後續評估和追蹤。例如，一篇來自荷蘭，發表於二〇一二年《急診醫學期刊》的論文，九百八十五位因急性缺血性腦中風，而在幾小時內接受靜脈注射血栓溶解劑的病人，後來有十四位（占百分之一．四）發現不是中風，而分別是癲癇發作、腦炎和多發性硬化症等，可見中風的診斷有時並不容易。

症狀若來得又急又嚴重，就要趕緊就醫

那麼，一般人如何決定是否要立刻就醫呢？主要還是根據症狀發生的快慢和嚴重度。若症狀發生得又急又嚴重，就要趕緊就醫。

有時，雖然是長期都有的症狀，但若突然或在短期內頻率明顯增加、嚴重度加重，或是合併新的症狀，也要盡快就醫。例如，長期頭痛的反覆發作，可以等門診或根據醫師的指示自行服藥，但如出現從來不曾有過的劇烈頭痛，甚至伴隨頸部僵硬時，則需掛急診。

看診第一關——網路掛號並不難

銀髮族看病的機會多，更需要學會網路掛號，開始時可能要晚輩或朋友指導，但很快就能駕輕就熟的。

網路掛號是時代潮流

一位久未聯絡的醫師同學打電話來，說他腰椎脊柱窄狹造成間歇性跛行，走一段路後，就會感到腿痛腳麻，疼痛無力，雖然停下來休息會好，但一開始走路又會出現同樣的問題，讓他非常困擾。

醫師建議他開刀，但他想問問第二意見，又知道我動過頸椎手術，因此希望我推薦外科醫師。我告訴了他醫師的名字，並請他自行上網查醫師的門診時間和掛號，他遲疑了一下，說他不會網路掛號，只好等他女兒下班回家後幫忙。

時代真的不一樣了！一九七〇年代，當我還是台北榮總的住院醫師時，只能現場掛號，因此早班的公車在榮總一靠站，許多人便奔向門診，爭先恐後地排隊掛號，這種壯觀的現象一直延續到一九八〇年代初期，當年就連本院的醫師也沒有掛號的優先權。

我剛當上主治醫師時，有位朋友的親戚要來看我門診，並請我幫忙掛號，我不好意思推卻，只好在看門診前，先去掛號處替他現場掛號，結果我慢了幾分鐘才到門診，發現他已坐在診間的候診室了。

善用網路，挑對時段，搶先機

多年來，掛號的方式一直在改進，由可以電話掛號，到語音系統和網路掛號，提早一星期前、甚至四星期前就能預約，方法也很簡單友善。其實銀髮族看病的機會多，更需要學會網路掛號，開始時可能要晚輩或朋友指導，但很快就能駕輕就熟的。

有些醫師限制門診名額，於是如何在網路上搶先機，也是一門學問。通常是在午夜十二點過後立刻點進網站，不但可掛到號，還可名列前茅。看完門診後，如需繼續追蹤或是慢性病的定期用藥，可以請醫師幫忙預掛下次的門診，最為省事。

那麼，不會網路掛號的人豈不永遠掛不到號？幸好，有些醫院會保留一些號碼給現場掛號的人。

如果掛不上號，或是臨時想看診而醫師的號已額滿時，可以到診間請醫師幫忙加號，只是號碼會很後面，得要耐心地等待。

醫師加不加號，有他自己的原則。有的醫師會給一大早就在診間等加掛的人一律加掛；有些則覺得自己精力有限，只能對已掛號的病人負責，所以除非是遠地來的，或是情況很特殊的，否則不加掛。

大醫院如何掛對號？

掛號難，難掛號，是指大醫院裡病人很多的醫師，其實很多小病如感冒和消化不良等，在住家附近的診所看診即可，不用到大醫院去擠。

但是，當有需要進一步檢查而到大醫院時，該掛哪一科別和哪一位醫師呢？有幾種管道可循：

一、請診所的醫師推薦。

二、詢問親友，尤其是從事醫護工作的親友。

三、找到有相同疾病的親友，是第一手的資料，更可靠。

四、上網查各大醫院的科別和醫師專長，選擇在住家附近、方便就診的醫院。

五、上班族為了不請假看病，可以選擇夜診或是星期六的門診。

當然，還有更直接的方法，就是直接到診間，問問在外面候診的病人和家屬，請教他們的意見。不過，有誰會在診間外面說自己的醫師不太好，不要掛號呢？

三十多年前，有位鄉下來的老太太到榮總看內科門診，她把診間的門一一打開，看看醫師長得什麼樣子，終於看到了一位中意的醫師，她說：「這個卡老，這位好！」原來她是在找看起來比較有經驗的老醫師，讓這位少年白的醫師啼笑皆非。

巧用方法，避免看診的「三長兩短」

長久以來，大醫院看診的「三長兩短」一直為人詬病。所謂「三長」指掛號排隊「長」、候診時間「長」、領藥等候「長」，「兩短」則是看診時間「短」、醫生的話「短」。其實只要懂得方法，至少其中的掛號排隊「長」就可以先避免了。

候診、陪診都大有學問

有些銀髮族習慣提早到，誤以為早來報到可以早點看，那可能就會愈等愈焦慮。失智症長者更不要提早到達，因為不記得自己掛幾號，可能會有躁動等現象。

減少等待的焦慮，候診有撇步

在大醫院掛了號之後，除非是號碼很前面，否則「什麼時候到診間」也是一門學問。每位病人的病情複雜度不同，醫師看診的節奏不一，實在很難推測應該何時到診間，才不會等候太久或錯過號碼，又要再多等幾號。

一、利用網站或手機，可查詢看診進度：在以前網路不發達的時代，有人打電話到診間，問醫師現在看到幾號，其實會造成正在看診的醫護人員和病人的困擾。幸好，近幾年來，許多醫院都可以在醫院的網站或是由手機下載ＡＰＰ應用軟體，即時查看每個診間的看診號碼，方便且準確，因此病人可依此推測醫師看診的速度，而決定自己的號碼應該何時去候診。

二、準備好閱讀工具：不過，最保險的還是帶本書或雜誌去閱讀，當然滑手機也可以，以免出現等待的焦慮。

三、在心裡複述病情，或運用時間做筆記：候診時，也不見得無事可做，除了閱讀外，可以在心裡默想這次為何來看病，把病情、症狀都重新回想一遍，在心中複述，並且想想自己最擔心的是得什麼病（如癌症或心肌缺氧等），如此一來，見了醫師，病情就會敘述得更有條理和具有重點了。

也可當場做個小筆記，提醒自己，或把小筆記給醫師過目，會更有效率。

失智症長者切勿提早到達候診

有些銀髮族習慣提早到，並且誤以為也許早來報到可以早點看，那可能就會愈等愈煩，愈焦慮。好幾年前，台北榮總為了尊敬長者，曾經規定八十歲以上的門診病人可以提前看診，結果發現行不通，因為八十歲以上的病人不少，而且一個比一個年長，所以試辦沒多久就取消了。

失智症長者更不要提早到達，因為不記得自己掛幾號，可能又有焦慮或躁動等現象，不耐久待，會一直開診間的門，重複問是否輪到他了，甚至要求先看，家屬攔都攔不住，不僅讓醫師無法專心看診，診間的病人也備受干擾。

別逞強，請親友陪同照應最好

看病既花時間，又是個人私密，因此一般人都不想麻煩別人陪著看病。但如果是銀髮族到大醫院，或病情複雜、本人覺得虛弱甚至很不舒服時，最好還是請親友陪同為佳，必要時還得讓家人請假相陪，以免病情說不清楚，或沒完全聽懂醫師的診斷和指示。

看門診時所安排的檢查，如果是較複雜的，如磁振造影、胃鏡、大腸鏡、肌電圖等檢查，要確定所安排的時段、檢查地點以及檢查時的注意事項等，尤其是要做無痛鏡檢（即無痛胃鏡、大腸鏡檢查）時，最好還是有人陪同，較不會出錯。

陪診者不只一位

陪診也不簡單。如果是行動不便或失智症患者做檢查時，陪同者可能還不只一位。例如，失智症患者排做「臨床失智量表」以評估其失智的嚴重度時，臨床心理師會分別與病患和家屬會談。如果家屬在診間，而病人一人獨自在診間外，有可能會自己走失或發生跌倒等意外，所以此時還需另一位家人或照顧者相陪。

曾有位六十多歲的朋友因為發燒、發冷和全身痠痛，而獨自到大醫院看門診，沒想到醫師認為她的病情需要到急診室緊急處理。於是，朋友又到急診室掛號，接受檢傷分類，坐在椅子上被打上點滴。上洗手間時，她得一手拿著隨身包包，一手推著點滴架。

從早上十一點多到晚上七點多，她又餓又渴，飢腸轆轆，也沒人幫她買東西或便當吃，一直等到她兒子下班後才來照顧她。提起這個經驗，這位朋友就覺得心酸委屈，當時真不該逞強，該找人陪同照應啊！

看病時，病人也有責任

當病人坐下來，與醫師四目交接時所講的第一句話最重要，稱為「主訴」，即主要的問題，也就是提供醫師方向。如果方向錯了，那就難以達到目的。

想把病看好，請先提供正確資訊

乍看主題，有些人不免會問：「病人只不過是想把病看好而已，會有什麼責任呢？」但繼而一想，把病治好是醫病雙方的共同希望，的確需要雙方的合作配合。

多年前，台北榮總曾在電梯旁張貼「病人的權利與義務」條文，其中，病人的義務有五項：一、提供資訊的責任。二、配合診療的責任。三、遵守法規的責任：如不要求醫師開具不實的診斷證明書。四、尊重別人的責任。五、珍惜醫療資源的責任：如不要求醫師以健保資源做個人之健康檢查。

當中的第一項最重要，正確的資訊能幫助醫師做正確的診斷，才能對症治療。

看病時，如何向醫師提供資訊？

一、首先，說出自己主要的問題，提供正確方向。

醫師看診，如同偵探辦案。當病人坐下來，與醫師四目交接時所講的第一句話最重要，稱為「主訴」，即主要的問題，也就是提供醫師方向。如果方向錯了，那就難以達到目的。

二、依症狀發生的先後次序，清楚、扼要地敘述病情。

接下來的病情敘述就是線索，引導醫師一步一步朝正確的診斷前進。線索要清楚、扼要，並且按症狀發生的先後次序敘述，讓醫師在腦海中整理、吸收，再以醫學知識分析，作為診斷的依據。

若醫師問：「這個症狀多久了？」你回答：「從上次去日本旅遊後才開始的。」那麼醫師只好再問：「你是何時去日本的？」……如此有完沒完，時間就消耗掉了。

而且，時間點不要跳來跳去，否則醫師得花時間與心思來釐清病情的先後秩序。

三、陳述病情時，平鋪直敘就好，不要太冗長。

例如有人說：「醫師，我在上星期三晚餐之前都很好（**其實這句話就夠了**），我那天早上還走路去超市買菜，提了許多菜回來都沒問題，中午與朋友聚餐，下午擦地板，雖有點累但還好，晚餐也是我煮的。但是當坐下來要夾菜時，**突然覺得右手使不上勁……**」最後這句話才是重點，但醫師已聽得快無法集中精神了。

門診的看病時間很緊湊，因此要重點看病。有人一連串地說出頭痛、腰痛、肚脹、皮膚癢、睡不著等症狀，有耐心的醫師會每個部位都很快地幫他看一下，忙碌的醫師可能就會問：「到底哪一個症狀最困擾你？先看那一項好了。」

如果病患陳述病情毫無章法、偏離主題，醫師就需適時介入引導，但需靠經驗，有時也真的不是件容易的事。

神經內科醫師完成住院醫師的訓練後，需通過考試才能取得專科醫師的資格。考試的其中一項是讓住院醫師在半個小時內，對一位病人完成問診以及神經檢查，由三位資深醫師在場觀察、評分。

記得某次考試，有一位病人雖然很合作，但病情實在是敘述得很亂（連在旁的資深醫師也聽不出所以然），那位住院醫師一時慌了，抓不著頭緒，無從作鑑別診斷。事隔多年，我至今還很同情那位醫師。

最讓我激賞的是一位十歲小孩，由母親陪同來看診，他的第一句話是：「我有時要從椅子上站起來，或是走得快一點時，手腳就會自己動起來，但一下子就好了。」哇！說得真好，一句話把病名都說出來了。原來他得的是「陣發性動作性舞蹈徐動症」，藥物的治療效果良好。

四、可事先備妥關於自己病情症狀的小抄或摘要。

當然，並不是所有的疾病都能這麼精準道出，常需抽絲剝繭地一路探索。如果怕敘述不夠完整、扼要（尤其是銀髮族），也許可備個小抄或寫個摘要，以提醒自己，或給醫師過目參考，醫師會很感激的。若有家屬或朋友相陪，適時提供訊息或幫忙記下醫師的叮囑，那就更好了。

除了敘述病情之外，相關的家族史、目前服用的藥名以及會過敏的藥名，要讓醫師知道。有一點很重要，現在的藥袋上都有英文藥名，請記得帶來，而不是只帶來各種不同顏色的藥，醫師是認不得的。

如果曾在其他醫院做過檢查或是來尋求第二意見，請把所檢查的報告、影像片子或光碟片帶來，給醫師參考。這不僅是節省醫療資源，也是提供很好的線索，讓醫師由第二壘或第三壘開始跑，才不會每次都由一壘摸索起。

每位病人都想把病治好，每位醫師也都想把病看好，而正確完整的資訊，就是最好的開始。

請問您吃什麼藥？

請記得一定要「寫下」藥袋上面的藥名，而不要只是拿各式各樣、紅紅綠綠的藥丸給醫師看，因為醫師們可沒那麼厲害，看長相就知道那是什麼藥啊！

停掉這種藥，痠痛自然消失

十多年前，一位六十六歲的先生來門診，抱怨自己兩側大腿痠痛已八個月，都找不出原因，於是想來我這兒試試運氣。

他的肌肉力量、肌腱反射與神經感覺都正常，大腿看來並無異樣，也無壓痛感，而且他沒有背痛、沒運動過度，也沒有過外傷，過去沒什麼疾病。

我正想告訴他這是找不到原因的肌肉痛，可先吃點止痛藥看看，隨口問問：

「最近有沒有吃什麼藥呢？」

他立刻回說：「沒有。」但又接著說：「是有吃一種降膽固醇的藥，這跟腿痛會有什麼關係嗎？」

他講不出藥名。我請他想想看，是不是吃了這種藥之後，腿才開始痛的？他想了一下，認為應該是。問他為什麼沒告訴他的醫師呢？他說：「我以為腿痛和藥沒有關係，所以沒告訴他，只是定期去拿藥。我想這是神經痛，當然要看神經科啊！」

我請他先把藥停掉，兩星期後再來門診時，幾乎沒有痠痛了。而不出我所料，他帶來的藥，果然是一般稱為「史他汀」（statins）的降膽固醇藥。

「史他汀」是近十多年來降膽固醇藥的主流，陸續有文獻發表認為這種藥不僅能降膽固醇，且能減少心臟病、中風甚至阿茲海默症的發生率。一般人服用「史他汀」大都沒什麼問題，但約百分之五的人會發生肌肉痠痛的副作用，只要停藥，痠痛自然消失。至於他該如何降膽固醇呢？就要找原來的醫師討論了。

換了一種藥，症狀隨之改善

同天門診，一位七十八歲的老先生走路緩慢、動作遲緩，手腳及面部表情僵硬，但沒有手抖，看來是帕金森氏症候群。他兒子把放在大塑膠袋裡的藥全倒出來，攤在桌上，我一一核對藥袋上的藥名。

原來老先生因腸胃不適、腹脹，長期服用某種藥物多年。這種藥物對腹脹效果不錯，但有些人長期或大量服用後，會產生類似帕金森氏症的症狀，稱為「帕金森氏症候群」。我建議他請腸胃科醫師換掉此藥，症狀應該就會消失或改善的。

最令人高興的一次會診

那天看完門診後，走在通往病房的陽光長廊上，心情覺得格外愉快，腳步頓時輕鬆起來。因為看門診一向是要開藥的，而且許多慢性病患因為病情愈來愈重，或又加了其他慢性病，所開的藥物往往是愈來愈多。難得像今天，只要請病人停藥就好了。

這不禁讓我想起多年前，有一次到病房看會診的經驗。

一位七十五歲的老先生嚴重頭暈、走路不穩而且複視（註），他的住院醫師擔心老先生得了急性小腦或腦幹中風，詢問是否要馬上做腦部電腦斷層掃描。

我看看老先生所服用的藥物。幾天前，他因三叉神經痛，而開始服用含抗癲癇藥物成分「卡巴馬平」（carbamazepine）的「癲通」，一天三次，一次一顆，可能老人家耐受力較小，這樣的劑量太多了些，所以出現副作用。我建議住院醫師把癲通先停掉，等症狀消失後，再給半顆或由小劑量開始，再逐漸加量。

這是我所看過最高興的會診，因為老先生果真停藥就好了。

看病時，一定要寫下藥袋上的英文藥名

新藥的研發突飛猛進，病人服藥的選擇愈來愈多，藥效也愈來愈好，但藥物都有其副作用，只是程度的輕重及發生率不同，有些比較少見的副作用會被忽略。

當身體有不舒服或新症狀產生時，不妨先看看與最近服用的藥有無關係。看病時，把目前所服用的藥名列出來給醫師看，讓醫師參考斟酌，說不定會有意外且容易的答案呢！更何況，也可以減少不必要的檢查。

不過，請記得一定要「寫下」藥袋上面的英文藥名（因為各家廠商的中文藥名不同），而不要只是拿各式各樣、紅紅綠綠的藥丸來，醫師可沒那麼厲害，看長相就知道那是什麼藥啊！

※註：複視是指一個影像看成兩個影像，如把一個人看成兩個人。

九大要點，讓老人家吃對藥

有特殊療效的藥，往往也有與之而來的副作用，所以親朋好友之間千萬不能「吃好逗相報」，私自相互給藥。

別小看藥物的副作用

多年前，有位曾經中風的老太太因患有憂鬱症來看診，我開了一種選擇性血清素回收抑制劑（ＳＳＲＩ）的藥物，讓她一天服用一顆，結果她連續服用了兩天之後，睡覺就叫不醒，家人以為她又中風了，送來急診後住院。

其實她並沒有中風，只是這種藥物的副作用頭暈、嗜睡，對她可能太強，所以她在醫院睡了三天，等藥物代謝排出，醒來後恢復正常就回家了。

我的一位長輩在開始服用治療阿茲海默症的乙醯膽鹼抑制劑的藥物時，也曾出現過不適應的症狀。這種藥物需要慢慢增加劑量，他的醫師可能把劑量加得太快，這位長輩產生厲害的噁心、嘔吐、食欲不振狀況，一下子瘦了好幾公斤，家屬還擔心是否有癌症而去住院檢查，後來醫師將劑量減輕就沒事了。

老年人使用藥物的四大特性

從療效到副作用，每個人對藥物的反應不同，有些人吃一樣的劑量，卻沒發生同樣的副作用。但是一般而言，老年人的藥物使用有以下幾個特性，所以醫師會特別小心。

一、同時服用多種藥物：根據國外資料，約百分之七十八的老年人至少有一種慢性病，而百分之三十的老年人有三種以上的慢性病，因此所服用的藥物約有四到七種。

除了多種慢性病外，看許多不同科的醫生，也是服用多種藥物的一個重要因素，比如說，老人家可能同時看心臟科，又看神經科、家醫科等。每位醫師除了開立本科藥物外，還對其失眠、焦慮或腸胃等最常見的問題，各自開了同一性質

的藥物，造成患者同類藥物服用超量，使副作用加強，甚至造成電解質不平衡、知能減退，或跌倒而導致骨折等。

服用多種藥物，還會造成藥物相互作用（加成或者抑制本身或其他藥物的療效），或藥物與疾病相互作用，比如有種治療休息性手抖（在休息狀態下，手抖症狀最明顯）的乙醯膽鹼性藥物，可能造成攝護腺肥大者的排尿困難。而且使用的藥物項目一多，患者可能會覺得太複雜，自行減量或停藥，以致未達到應有的療效。

二、年紀所造成的生理變化，會影響藥物動力學（研究藥物在體內含量隨時間而產生的變化）：老年人腎臟的腎小體及血流量減少，對藥物的排除較慢。又如老人家的肝臟中，解毒的酵素量減少，或因營養不良使得白蛋白（蛋白質的一種）減少等，都較容易產生藥毒性。因此，投與藥物時常需由小量慢慢增加，或減低劑量。

此外，有些老年人感冒時，服用抗組織胺藥物，易導致暫時性的急性神智混亂（即譫妄）。

三、疾病本身的影響：比如帕金森氏症患者的行動遲緩，如服用鎮靜劑而走路不穩時，就更易跌倒骨折。失智症患者因記憶力減退，如自行服藥，無人監督，則易出錯或重複吃藥。

四、社會因素：比如因缺乏照顧而營養不均衡，食物中缺少鉀，若再加上服用利尿劑，則易造成低血鉀症。

老年人服藥的九大注意事項

除了醫師對老年人開立藥物應小心謹慎外，關於老人家服用藥物，一般民眾要注意哪些事呢？

一、抄下藥名，隨身攜帶。

一定要把目前所吃藥物的英文名稱（藥袋上所列的藥名）抄下來，寫在一張紙上，隨身攜帶。就診時給醫師看，即可一目了然，不要光描述藥丸是紅的、是白的，讓醫師猜半天。尤其是會導致過敏的藥物名稱，更需要讓醫師知道。

二、最好在同一家醫院就診。

如要看不同科別時，最好在同一家醫院就診，這樣資料集中，醫師參考起來比較方便。也可以掛高齡醫學或老年醫學科的門診，以整合用藥。

但是有些專科用藥，或者病情嚴重、複雜的，如帕金森氏症患者，在多年之後出現難以控制的「步態凍結」（患者在走路過程中突然出現短暫的障礙）或「異動症」（出現無法控制的不自主動作）等，還是需要在原來的專科門診追蹤調藥。

三、不需要的藥或沒有確定療效的藥，不要吃。

除了必要的預防型藥物（如阿斯匹靈預防中風、心肌梗塞），以及需長期控制的藥物（如高血壓、糖尿病）之外，有些症狀只是短期出現的，不需要長期服藥，在症狀改善後，即可詢問醫師是否能停藥。

四、長效型藥物的方便性。

醫師若開給長效型藥物，一天只要服用一次，對病人很方便，不會因為忘記服藥而影響病情。而且服用長效型藥物，通常血中藥物濃度較穩定，不需要擔心藥效不夠。

五、領藥時，若發現藥不同於以往時，可向藥師或醫師詢問是否換了廠牌或改藥，這樣也可避免給錯藥的疏失。

更換藥物的廠牌對一般人沒有問題，但是可能會造成失智長者的困擾。有位失智長輩的安眠藥，被換為成分相同、但由不同藥廠製造的藥，因為是不同廠牌所以長相不一樣，這位長輩堅持不肯服藥，她的家人只好自行購買原來藥廠的藥。

六、自己詳加查詢。

如果醫師太忙，無法詳述藥的副作用時，可以自己上網、看藥物手冊，或閱讀藥盒內所附的仿單（藥品的說明書）。

但是要注意，並非一種藥的所有副作用都一定會發生在自己身上，仿單內通常都會註明副作用發生的機率，發生的比例通常並不大，也不太嚴重，不必因為害怕而不敢服用。

七、如果服了藥之後不舒服或過敏，則應停藥。

若是不能停的藥（如降血壓或降血糖藥），則應盡早回診看醫師，或許需要換藥。

八、千萬不要私下相互給藥。

有特殊療效的藥，往往也有與之而來的副作用，所以不要「吃好逗相報」地私自相互給藥。

九、做子女的，請定期幫父母檢查家裡的藥物是否已經過期。

許多老人家都有一抽屜的藥，定期整理很重要。若包裝上有保存日期，過期的就立即丟掉；若是散裝的，看不出日期，如變色、變形，當然也不能吃。即使沒有異狀，但感覺已經放了超過一年，或者根本不記得那是治什麼的，為了保險起見還是丟掉比較安全。

另外，有時醫師開給昂貴的藥，但是病人吃了覺得不合適，醫師也重開了藥，不妨把原來的藥帶回醫院，問問看藥房是否願意回收，以免浪費。雖然不能退錢，但是惜藥也是一種美德啊！

小心！用藥學問多

藥物有一定的療效，但並不是百分之百，所以服用之後，並不代表一定就不會再生同樣的病，還是要注意其他相關危險因子的控制。

與生命進行拉鋸

好友來電說，幾個月前，他八十歲的父親因心房顫動導致缺血性腦中風，持續口服抗凝血劑「華法林」（warfarin）以預防再度中風，並定期在門診抽血，監測其凝血酶原時間（ＰＴ）。今早父親出現血尿，但離回診日期還有一星期，他問我該怎麼辦？

我的建議是，如果血尿嚴重，需立刻到原來的醫院掛急診；如果症狀輕微，則要提早掛原主治醫師的門診。在看門診之前，可先停用華法林，若停用後，血

尿止住了，那很可能是華法林的不良反應或副作用，醫師會重新調整劑量；若停用後，血尿還不止，那可能不單純是藥物副作用，必須考慮泌尿系統等的問題，醫師也會安排進一步的檢查。當然，停用華法林也可能導致腦栓塞而再度中風，這也就是兩害相權取其輕的拉鋸了。

微小的劑量差距，影響卻很大

類似這位長輩的問題並不少見。《新英格蘭醫學雜誌》二〇一一年十一月的一篇論文，統計美國五十八家醫院的六十五歲以上病患，在二〇〇七至二〇〇九年間，因藥物不良反應而看急診的一萬二千六百六十六名病患中，有將近四成需住院治療，而且一半是八十歲以上的老人；其中，三分之二是非故意的藥物過量而造成的不良反應，前四名的藥物分別為華法林、胰島素、抗血小板凝集藥物（如阿斯匹靈）和糖尿病口服藥物，在這之中，華法林占了百分之三十三。

華法林是很有效也最常用的抗凝血藥物，長久以來，心臟科和神經科醫師用它來預防中風和肺栓塞等疾病，但其劑量需醫師的監測和微調節。

再好的藥，也千萬不能「吃好逗相報」

朋友父親的案例和這篇論文提醒我們：

一、藥物有一定的療效，但並不是百分之百。例如，服用抗血小板凝集劑的中風患者，再度中風的機率比不服用者約只減少了四分之一，所以服用之後，並不代表一定就不會再中風，還是要注意其他相關危險因子的控制。

二、藥物除了療效外，都有其不良反應，但不良反應的機率和嚴重性當然要比療效低，否則就不會通過衛福部的核准上市。

三、藥物的不良反應雖然看起來似乎很多，比如許多神經科和精神科的藥物，不良反應常多達一、二十項，但並不一定會發生，且每種不良反應的發生率也不同，所以不要在讀了仿單上的副作用後，就不敢服藥。

四、每個人對藥物的療效和產生的不良反應都不一樣，如有人吃了非類固醇止痛消炎藥「消炎痛」（indomethacin），會胃痛或天旋地轉，有的人卻沒什麼不舒服。

這種個人差異的不良反應大都不是藥物過量引起的，有些還與基因有關，例如，帶有個人化藥物過敏基因HLA-B＊1502的亞洲人，服用抗癲癇藥物「卡巴馬平」，而發生「史蒂文生氏—強生症候群」嚴重皮膚反應的機率，遠比不具有此基因型的為高，而藥物基因學的發展也因應而起。所以病情有需要才服藥。吃了有效，也不要「吃好逗相報」。

五、有些藥物的不良反應比較無害，如噁心、嘔吐、起皮疹等，停藥即可。但有些危及生命，如過敏性休克或重要器官出血等，則需緊急處理。

探病必知三部曲：我來，我看，我走

做個體貼的探病者，探病前，先打聽清楚對方生了什麼病；探病時要小心，先敲門再進房；探病中更別長聊，待個三、五分鐘便可以告辭。

別讓病人累得身心俱疲

有位父執輩住院時，親戚們來探病。他們彼此之間因為也久未見面，跟這位長輩問候之後，就天南地北地聊了起來，稱讚對方沒變老、詢問兒女何時嫁娶、何處高就，愈談愈興奮，聲音愈來愈大，終於，躺在床上的長輩受不了地說：「好吵！你們回去吧！」奇怪的是，他們出了病房，反而談興沒了，各自散去。

病房中最常見的情形是各路探病人馬一進病房，問候患者是否受苦；再來就是問如何發病，以及檢查、治療或開刀等過程。害病人得把病情一說再說，比對見習醫師、實習醫師、住院醫師、主治醫師及值班醫師重複敘述病情還更多次，並且還要加以解釋。

有些人還特別熱心，把個人的生病經驗（不管與你的病有沒有關係），或所認識、所聽到的人的生病情況，一古腦傾倒給病人，讓病人身心俱疲。

有位朋友已往生的父親曾說：「我就是不病死，也會被『看』死。」

探病前要打聽：對方生了什麼病

既然要探病，就應該事先探聽對方生的是什麼病。

如果是開刀，尤其是剖肚開胸的大刀，開完刀當天，病人可能還很虛弱，傷口疼痛，身上多了幾條管子：引流管、鼻胃管、尿管、氧氣管、點滴管等，有若五花大綁。若貿然闖進，人家可能在導尿、倒引流管、換藥，甚至半裸，非常尷尬，如此相見，不如不見。

所以，對於開刀的朋友，最好等兩、三天，病人比較像樣時再去探望為佳。

探病時要小心：先敲門再進病房

為了防止意外，病房是不能由裡面鎖的，也就是說病人無法有絕對的隱私。有位愛漂亮的朋友住院時，因為外科醫師常常早上七點多就來查房，其他各科醫師、護士、各種工作人員或親朋好友又不知何時會駕到，防不勝防，於是她就每天六點多在鬧鐘聲中起床梳洗乾淨，儀容整齊地嚴陣以待。

進病房前請先敲門，把門輕推出一條縫，確定裡面沒有驚叫聲（配合急著披衣、蓋被的動作），再推門而入，以便讓病人有機會整理儀容，從容以待。

若是幾位病患同住一間，而你要探訪的人的床邊簾子拉起來（尤其是拉得緊密時），請先發聲，自我介紹，看看簾子裡的人怎麼說，說不定人家正在擦澡、換衣服或大解呢！

探病中別長聊：三、五分鐘便告辭

探病三分鐘，雙方都輕鬆。

我們探病主要是因為關心或禮數，而不是要造成對方的不便。所以如果拜訪的時機剛好不錯，病人好整以暇地或躺或坐，進去後打個招呼、放下禮物，表示祝福之意（也許可以說明此補品有何好處等），就可以告辭了，前後以三、五分鐘為宜。

若是有其他訪客，或人家有治療要做，尤其是主治醫師來查房時，醫師與病人討論病情是很隱密的事，更要識相地告退。

探病時，該送什麼好？

如果你是知名人士，送盆蘭花，插上有署名的卡片，病人會覺得安慰又有面子。否則，還是實用的東西最好。

若是與病人熟，當然可以投其所好或所需。要是不確定，時令水果最好，不用擔心吃不完怎麼辦，不僅照顧者可以幫忙吃，也可轉送。如果不曉得送什麼水果，那麼就送蘋果，只要說一聲「吃蘋果，平平安安」，沒人不欣然接受的。

有時專誠探病，病人剛好做檢查去了。這時在病房留下水果，貼上名片，悄然離去，賓主皆輕鬆。

另者，朋友住院時不用爭相走告，不知者不罪，人家會感激你的。

看他，還是不看？

見到了失智長者，請自我介紹，不要考他：「我是誰？」講對了，大家都有面子；忘了，徒增雙方的挫折感。

請尊重病人與家屬的意願

好友帶我去「華格納音樂圖書館」欣賞一部來自瑞典的影片——《給馬丁的一首歌》（*A Song for Martin*）。這是個後中年的名指揮家兼作曲家馬丁，與首席小提琴家芭芭拉的故事。兩人都已有兒孫，情不自禁地墜入黃昏之戀。然而，結婚後琴瑟和諧的生活才過了五年，馬丁就罹患了阿茲海默症，且病情快速變壞。芭芭拉不得不辭去工作，全力照顧先生，終於筋疲力竭而讓馬丁住進安養院，獨自回歸首席小提琴家的生涯。

這對頂尖專業的夫婦和一般人相同，同樣要面對失智症所帶來的認知減退、生活能力喪失、收入減少以及社交隔離等困擾，萬般無奈。

最特別的是馬丁的經紀人比德曼的角色，他能幹、盡責，對馬丁亦步亦趨，經營他的事業，也進入他的家庭生活。但馬丁因失智無法繼續作曲，甚至在劇院觀賞音樂劇時失控鬧場，在一旁冷眼旁觀的比德曼選擇了疏離且不聞不問。並不完全是馬丁已沒有了市場價值，而是比德曼無法面對馬丁的失智。他眼看著原本高高在上的偶像如此的退化，難過之餘，選擇逃避，看似冷漠無情，但又有幾個人能做好心理準備，坦然地面對呢？

連經紀人都如此了，那麼面對失智父母的兒女又情何以堪？

每一位失智老人都曾輝煌

有些失智症的家屬並不見得歡迎訪客，與其徒增傷感，不如保留他以前留在別人心中美好的形象。

有人問：當認識的長輩中有人失智時，到底要不要去探望？

這沒有一定的答案，應視交情深淺、失智嚴重度、家屬的態度，以及自己能提供什麼幫助而定。但至少可打個電話表示關心，如歡迎則前往，如家屬表示不方便，也不要勉強，盡了心意即可。

輕度阿茲海默症患者雖然近期記憶減退，長期記憶仍然鮮明，愛話家常、談過去，正需聊天對象。

中、重度失智長者的訪客日稀，可能寂寥，有人來訪，寒暄問候，熱鬧一時，也會溫暖長者與家屬的心。

但見到了失智長者，請自我介紹，不要考他：「我是誰？」講對了，大家都有面子；忘了，徒增雙方的挫折感。

若能提供實質的幫助更好，如轉達重要福利和政策訊息、何處買好康的營養品和家居用品，或暫時陪老人家一下，讓家屬喘口氣等等。

如果我們身邊有原本聰明睿智的長者，因失智而逐漸喪失原有的智慧，那麼就不難想像每一位失智老人，也曾有過事業尖峰、意氣風發的輝煌人生啊！

今夜我一人

對於未來的病死，我們也許無法選擇，但在有生之年好好地過日子，享受生命之美，坦然地步入暮年，乃至面對死亡，就是生命的最佳完成。

一張床的空間

多年前的一個週末，一大早，我由台北開車到台中一家醫院，先到一樓的失智症照護護理之家探望一位親戚。八十三歲的失智症老太太躺在床上，客氣地與我打招呼，但已不識我是誰，我把一盒水果放在床邊後黯然離去。

再到四樓的護理之家，看望另一位九十三歲的親戚，他老人家精神好得很，腦筋清楚，躺在床上親切地與我話家常，感慨地說：「老了，不中用了。」雖然這位長輩病情穩定，但因為心臟衰竭，行動不便，需人隨時照顧，所以住在護理之家。

之後，我再開車到彰化一家醫院的呼吸照護中心，探視八十九歲的父親。患有失智症的父親因慢性阻塞性肺氣腫，已在此住院六個月多了。盡心的醫師嘗試了各種藥物無效後，父親只有長期靠呼吸器維持。

中心的照顧很好，父親病情穩定，只是不時需要抽痰。約二十張床位的呼吸照護病房住得滿滿的，每位患者的脖子氣切口上都接著呼吸器。當痰多到病人呼吸道不暢時，機器就會發出警告聲。只聽得呼吸器尖銳的警告聲此起彼落，幾位服務人員從這一頭抽到那一頭，一刻也沒閒著。

窗外陽光燦爛，室內寬敞明亮，我坐在父親身旁，看著服務人員除了幫病人抽痰，還由鼻胃管灌食、翻身、拍背、換尿布、擦屁股等。而病人們不管是有無意識，都局限在床上，好像人生最後也僅只需要一張床的空間了。

令人心酸的五個字

傍晚時，告訴父親我將回家陪伴母親，父親點點頭，說了幾句話，因為父親插著氣切管，無法發音，又讀不出他的唇語，所以我請他寫字。

他一字字地寫下：

今夜我一人

乍看之下，很像是台語的流行歌曲名。面對獨自躺在呼吸照護病房床上一筆一畫寫字的父親，我不禁哽咽，無法回答，連一旁的服務員看了也為之心酸。

難道是我年齡的關係，或是職業的因素（因為病人大都是慢性病患），所以舉目所見，盡是活得久、活得辛苦、活得無奈的老人家？就是當時八十九歲的母親，雖然身體大致不錯，但仍為父親的生病而憂鬱煩心，為故舊凋零殆盡而覺孤單。

為什麼救命救一半？

最近有位朋友感慨地對我說：「你們醫師為什麼救命都只救一半？」原來是他的母親因多次腦中風，雖然命保住了，但失智嚴重，有時連自己的兒女也認不出來，又常因肺炎或尿道感染而進出醫院，他因而有感而發。

如果醫術不好，當初病人的命也就保不住，但為什麼無法把病人醫治回到正常情況呢？這不是只救一半嗎？

日新月異的現代醫學，有時可讓病人痊癒，但有時在盡力搶救後，反而留下無法恢復的後遺症。無論多進步，目前的醫學仍無法正確地預測與拿捏預後情況，所以醫師在搶救時，只能盡力而為，其他的就交給老天爺了。

護理之家代為照顧

多年前，在醫院電梯裡，聽到一位實習醫師問另一位實習醫師目前輪到哪科實習，他回答：「白菜園。」沒發現個子矮小的我正站在他前面，我回頭瞪了他一眼。

原來他是到我們神經內科實習，不少慢性病患（如多次腦中風、失智症或帕金森氏症）常有失智現象，又因急性感染住院，幾近植物人，所以他稱之為「白菜園」。雖然非常不敬，但也顯示了對慢性病的無奈。

由於經濟發達與醫療進步，台灣人口的壽命大為提高，八十多歲的老人家隨處可見。當然，不少老人家身體很硬朗，有自己的生活圈及休閒活動，但也有更多的人因慢性病纏身而長期需人照顧。

根據二〇〇〇年台灣的普查資料，約十七萬名六十五歲以上的老人，因身心疾病而需長期照護。老人需要的不僅是健康照護，還要生活起居的安排及經濟上的供給。

近年來，由於政府提供醫療發展基金獎勵護理之家的成立，使得許多需要長期照護的老人有了安頓之處，能受到專業的照顧，減輕家屬體力及精神上的重擔。然而一個月三到五萬元不等的費用，對很多家庭而言可是很大的經濟負擔！

預立生命遺囑，不接受急救

有一次打高爾夫時，與一位初次見面的中年男子同組。他說自己偶爾有胸痛，痛的時間並不長，但很難受，問我：「有沒有關係？」

我猜想是心絞痛，要他去看心臟科醫師，但他說：「我才不看呢！要是心臟病發作，那就最好了，一了百了。我才不要像有些親戚被慢性病拖得那麼痛苦呢！」

這是個極端的例子。大片的心肌梗塞來不及搶救固然死得痛快，但是我沒告訴他，如果他立刻被送到醫院急救，也有可能命救回來了，但因腦缺氧而變為植物人呢！除非他事先立好「生命遺囑」（預先做好醫療自主計畫、簽署〈預立安寧緩和醫療暨維生醫療抉擇意願書〉），有「不接受急救」的文字聲明，隨時帶在身上。

坦然面對，欣然享受，就是生命的最佳完成

我們能夠長壽嗎？以目前的醫療水準來看，也許可以。

我們能決定自己的死法嗎？大概很難。

眼看著自己的親戚、長輩長期受慢性病折磨，但求早日解脫，非常痛苦；但也有不少親友因為意外或急病，瞬間去世，又令人扼腕。

對於未來的病死，我們也許無法選擇，但在有生之年好好地過日子，享受生命之美，坦然地步入暮年，乃至面對死亡，就是生命的最佳完成。

國家圖書館預行編目資料

愛上慢慢變老的自己：退休醫生給你的57個實用身心提醒／劉秀枝著. ——初版. ——臺北市：寶瓶文化, 2015. 05
面； 公分. ——（Restart；004）
ISBN 978-986-406-012-2（平裝）

1. 老年 2. 生活指導

544.8 104006658

寶瓶 AQUARIUS

Restart 004

愛上慢慢變老的自己——退休醫生給你的57個實用身心提醒

作者／劉秀枝

發行人／張寶琴
社長兼總編輯／朱亞君
主編／張純玲・簡伊玲
編輯／丁慧瑋・賴逸娟
美術主編／林慧雯
校對／丁慧瑋・吳美滿・劉素芬・劉秀枝
業務經理／李婉婷
企劃專員／林歆婕
財務主任／歐素琪　業務專員／林裕翔
出版者／寶瓶文化事業股份有限公司
地址／台北市110信義區基隆路一段180號8樓
電話／(02)27494988　傳真／(02)27495072
郵政劃撥／19446403　寶瓶文化事業股份有限公司
印刷廠／世和印製企業有限公司
總經銷／大和書報圖書股份有限公司　電話／(02)89902588
地址／新北市五股工業區五工五路2號　傳真／(02)22997900
E-mail／aquarius@udngroup.com

法律顧問／理律法律事務所陳長文律師、蔣大中律師
如有破損或裝訂錯誤，請寄回本公司更換
著作完成日期／二〇一四年七月
初版一刷日期／二〇一五年五月五日
初版六刷日期／二〇一七年六月二十三日
ISBN／978-986-406-012-2
定價／三二〇元

AQUARIUS 寶瓶 文化事業

愛書人卡

感謝您熱心的為我們填寫，
對您的意見，我們會認真的加以參考，
希望寶瓶文化推出的每一本書，都能得到您的肯定與永遠的支持。

系列：Restart 004　**書名：愛上慢慢變老的自己**

1. 姓名：＿＿＿＿＿＿＿＿　性別：□男　□女
2. 生日：＿＿年＿＿月＿＿日
3. 教育程度：□大學以上　□大學　□專科　□高中、高職　□高中職以下
4. 職業：＿＿＿＿＿＿＿
5. 聯絡地址：＿＿＿＿＿＿＿＿＿＿＿＿＿＿＿＿＿＿＿＿＿

   聯絡電話：＿＿＿＿＿＿＿＿　手機：＿＿＿＿＿＿＿＿
6. E-mail信箱：＿＿＿＿＿＿＿＿＿＿＿＿＿＿＿

   □同意　□不同意　免費獲得寶瓶文化叢書訊息
7. 購買日期：＿＿ 年 ＿＿ 月 ＿＿日
8. 您得知本書的管道：□報紙／雜誌　□電視／電台　□親友介紹　□逛書店　□網路

   □傳單／海報　□廣告　□其他
9. 您在哪裡買到本書：□書店，店名＿＿＿＿＿　□劃撥　□現場活動　□贈書

   □網路購書，網站名稱：＿＿＿＿＿＿　□其他＿＿＿＿＿
10. 對本書的建議：（請填代號　1. 滿意　2. 尚可　3. 再改進，請提供意見）

    內容：＿＿＿＿＿＿＿＿＿＿＿＿

    封面：＿＿＿＿＿＿＿＿＿＿＿＿

    編排：＿＿＿＿＿＿＿＿＿＿＿＿

    其他：＿＿＿＿＿＿＿＿＿＿＿＿

    綜合意見：＿＿＿＿＿＿＿＿＿＿＿＿＿＿＿＿＿＿＿＿＿＿＿＿＿
11. 希望我們未來出版哪一類的書籍：＿＿＿＿＿＿＿＿＿＿＿＿＿＿＿

讓文字與書寫的聲音大鳴大放

寶瓶文化事業股份有限公司

（請沿此虛線剪下）

廣　告　回　函
北區郵政管理局登記
證北台字15345號
免貼郵票

寶瓶文化事業股份有限公司　收

110台北市信義區基隆路一段180號8樓

8F,180 KEELUNG RD.,SEC.1,

TAIPEI.(110)TAIWAN R.O.C.

（請沿虛線對折後寄回，或傳真至02-27495072。謝謝）